2023年版全国一级建造师执业资格考试专项突破

建设工程法规及相关知识
重点难点专项突破

全国一级建造师执业资格考试专项突破编写委员会　编写

中国建筑工业出版社

图书在版编目（CIP）数据

建设工程法规及相关知识重点难点专项突破/全国
一级建造师执业资格考试专项突破编写委员会编写.—
北京：中国建筑工业出版社，2023.5
2023年版全国一级建造师执业资格考试专项突破
ISBN 978-7-112-28668-3

Ⅰ.①建…　Ⅱ.①全…　Ⅲ.①建筑法—中国—资格考
试—自学参考资料　Ⅳ.① D922.297

中国国家版本馆CIP数据核字（2023）第073454号

　　本书按知识点进行划分，根据2009—2022年考试命题形式进行分析总结。本书的形
式打破传统思维，采用归纳总结的方式进行题干与选项的优化设置，将考核要点的关联性
充分地体现在"同一道题目"当中，该类题型的设置有利于考生对比区分记忆，这种方式
大大压缩了考生的复习时间和精力。对部分知识点采用图表方式进行总结，易于理解，降
低了考生的学习难度，并配有经典试题，用例题展现考查角度，巩固记忆知识点。

　　本书既能使考生全面、系统、彻底地解决在学习中存在的问题，又能让考生准确地把
握考试的方向。本书的作者旨在将多年积累的应试辅导经验传授给考生，对辅导教材中的
每一部分都做了详尽的讲解，辅导教材中的问题都能在书中解决。

　　本书可作为一级建造师执业资格考试的复习指导书，也可供广大建筑施工行业管理人
员参考使用。

责任编辑：牛　松
责任校对：党　蕾

2023 年版全国一级建造师执业资格考试专项突破
建设工程法规及相关知识重点难点专项突破
全国一级建造师执业资格考试专项突破编写委员会　编写
*
中国建筑工业出版社出版、发行（北京海淀三里河路9号）
各地新华书店、建筑书店经销
北京建筑工业印刷厂制版
建工社（河北）印刷有限公司印刷
*
开本：787毫米×1092毫米　1/16　印张：13¼　字数：319千字
2023年5月第一版　　2023年5月第一次印刷
定价：**40.00**元
ISBN 978–7–112–28668–3
（40966）

前　　言

为了帮助广大考生在短时间内掌握考试重点和难点，迅速提高应试能力和答题技巧，更好地适应考试，我们组织了一批一级建造师考试培训领域的权威专家，根据考试大纲要求，以历年考试命题规律及所涉及的重要考点为主线，精心编写了这套《2023年版全国一级建造师执业资格考试专项突破》系列丛书。

本套丛书共分8册，涵盖了一级建造师执业资格考试的3个公共科目和5个专业科目，分别是：《建设工程经济重点难点专项突破》《建设工程项目管理重点难点专项突破》《建设工程法规及相关知识重点难点专项突破》《建筑工程管理与实务案例分析专项突破》《机电工程管理与实务案例分析专项突破》《市政公用工程管理与实务案例分析专项突破》《公路工程管理与实务案例分析专项突破》和《水利水电工程管理与实务案例分析专项突破》。

3个公共科目丛书具有以下优势：

一题敌多题——采用专项突破形式将重点难点知识点进行归纳总结，将考核要点的关联性充分地体现在"同一道题目"当中，该类题型的设置有利于考生对比区分记忆，该方式大大压缩了考生的复习时间和精力。众多易混选项的加入，有助于考生更全面地、多角度地精准记忆，从而提高考生的复习效率。以往考生学习后未必全部掌握考试用书考点，造成在考场上答题时觉得见过，但不会解答的情况，本书一个题目可以代替其他辅导书中的3～8个题目，可以有效地解决这个问题。

真题全标记——将2009—2022年度一级建造师执业资格考试考核知识点全部标记，为考生总结命题规律提供依据，帮助考生在有限的时间里快速地掌握考核的侧重点，明确复习方向。

图表精总结——对知识点采用图表方式进行总结，易于理解，降低了考生的学习难度，并配有经典试题，用例题展现考查角度，巩固记忆知识点。

5个专业科目丛书具有以下优势：

要点突出——对每一章的要点进行归纳总结，帮助考生快速抓住重点，节约学习时间，更加有效地掌握基础知识。

布局清晰——分别从施工技术、进度、质量、安全、成本、合同、现场、实操等方面，将历年真题进行合理划分，并配以典型习题。有助于考生抓住考核重点，各个击破。

真题全面——收录了2013—2022年度一级建造师执业资格考试案例分析真题，便于考生掌握考试的命题规律和趋势，做到运筹帷幄。

一击即破——针对历年案例分析题中的各个难点，进行细致的讲解，从而有效地帮助考生突破固定思维，启发解题思路。

触类旁通——以历年真题为基础编排的典型习题，着力加强"能力型、开放型、应用型和综合型"试题的开发与研究，注重关联知识点、题型、方法的再巩固与再提高，加强考生对知识点的进一步巩固，做到融会贯通、触类旁通。

由于编写时间仓促，书中难免存在疏漏之处，望广大读者不吝赐教。

读者如果对图书中的内容有疑问或问题，可关注微信公众号【建造师应试与执业】，与图书编辑团队直接交流。

建造师应试与执业

目　　录

全国一级建造师执业资格考试答题方法及评分说明

全国一级建造师执业资格考试设《建设工程经济》《建设工程项目管理》《建设工程法规及相关知识》三个公共必考科目和《专业工程管理与实务》十个专业选考科目（专业科目包括建筑工程、公路工程、铁路工程、民航机场工程、港口与航道工程、水利水电工程、矿业工程、机电工程、市政公用工程和通信与广电工程）。

《建设工程经济》《建设工程项目管理》《建设工程法规及相关知识》三个科目的考试试题为客观题。《专业工程管理与实务》科目的考试试题包括客观题和主观题。

一、客观题答题方法及评分说明

1. 客观题答题方法

客观题题型包括单项选择题和多项选择题。对于单项选择题来说，备选项有4个，选对得分，选错不得分也不扣分，建议考生宁可错选，不可不选。对于多项选择题来说，备选项有5个，在没有把握的情况下，建议考生宁可少选，不可多选。

在答题时，可采取下列方法：

（1）直接法。这是解常规的客观题所采用的方法，就是考生选择认为一定正确的选项。

（2）排除法。如果正确选项不能直接选出，应首先排除明显不全面、不完整或不正确的选项，正确的选项几乎是直接来自于考试教材或者法律法规，其余的干扰选项要靠命题者自己去设计，考生要尽可能多排除一些干扰选项，这样就可以提高选择出正确答案的概率。

（3）比较法。直接把各备选项加以比较，并分析它们之间的不同点，集中考虑正确答案和错误答案关键所在。仔细考虑各个备选项之间的关系。不要盲目选择那些看起来、读起来很有吸引力的错误选项，要去误求正、去伪存真。

（4）推测法。利用上下文推测词义。有些试题要从句子中的结构及语法知识推测入手，配合考生自己平时积累的常识来判断其义，推测出逻辑的条件和结论，以期将正确的选项准确地选出。

2. 客观题评分说明

客观题部分采用机读评卷，必须使用2B铅笔在答题卡上作答，考生在答题时要严格按照要求，在有效区域内作答，超出区域作答无效。每个单项选择题只有1个最符合题意，就是4选1。每个多项选择题有2个或2个以上符合题意，至少有1个错项，就是5选2～4，并且错选本题不得分，少选，所选的每个选项得0.5分。考生在涂卡时应注意答题卡上的选项是横排还是竖排，不要涂错位置。涂卡应清晰、厚实、完整，保持答题卡干净整洁，涂卡时应完整覆盖且不超出涂卡区域。修改答案时要先用橡皮擦将原涂卡处擦擦干净，再涂新答案，避免在机读评卷时产生干扰。

二、主观题答题方法及评分说明

1. 主观题答题方法

主观题题型是实务操作和案例分析题。实务操作和案例分析题是通过背景资料阐述一个项目在实施过程中所开展的相应工作，根据这些具体的工作提出若干小问题。

实务操作和案例分析题的提问方式及作答方法如下：

（1）补充内容型。一般应按照教材将背景资料中未给出的内容都回答出来。

（2）判断改错型。首先应在背景资料中找出问题并判断是否正确，然后结合教材、相关规范进行改正。需要注意的是，考生在答题时，有时不能按照工作中的实际做法来回答问题，因为根据实际做法作为答题依据得出的答案和标准答案之间存在很大差距，即使答了很多，得分也很低。

（3）判断分析型。这类型题不仅要求考生答出分析的结果，还需要通过分析背景资料来找出问题的突破口。需要注意的是，考生在答题时要针对问题作答。

（4）图表表达型。结合工程图及相关资料表回答图中构造名称、资料表中缺项内容。需要注意的是，关键词表述要准确，避免画蛇添足。

（5）分析计算型。充分利用相关公式、图表和考点的内容，计算题目要求的数据或结果。最好能写出关键的计算步骤，并注意计算结果是否有保留小数点的要求。

（6）简单论答型。这类型题主要考查考生记忆能力，一般情节简单、内容覆盖面较小。考生在回答这类型题时要直截了当，有什么答什么，不必展开论述。

（7）综合分析型。这类型题比较复杂，内容往往涉及不同的知识点，要求回答的问题较多，难度很大，也是考生容易失分的地方。要求考生具有一定的理论水平和实际经验，对教材知识点要熟练掌握。

2. 主观题评分说明

主观题部分评分是采取网上评分的方法来进行，为了防止出现评卷人的评分宽严度差异对不同考生产生影响，每个评卷人员只评一道题的分数。每份试卷的每道题均由2位评卷人员分别独立评分，如果2人的评分结果相同或很相近（这种情况比例很大）就按2人的平均分为准。如果2人的评分差异较大超过4～5分（出现这种情况的概率很小），就由评分专家再独立评分一次，然后用专家所评的分数和与专家评分接近的那个分数的平均分数为准。

主观题部分评分标准一般以准确性、完整性、分析步骤、计算过程、关键问题的判别方法、概念原理的运用等为判别核心。标准一般按要点给分，只要答出要点基本含义一般就会给分，不恰当的错误语句和文字一般不扣分，要点分值最小一般为0.5分。

主观题部分作答时必须使用黑色墨水笔书写作答，不得使用其他颜色的钢笔、铅笔、签字笔和圆珠笔。作答时字迹要工整、版面要清晰。因此书写不能离密封线太近，密封后评卷人不容易看到；书写的字不能太粗、太密、太乱，最好买支极细笔，字体稍微书写大点、工整点，这样看起来工整、清晰，评卷人也愿意多给分。

主观题部分作答应避免答非所问，因此考生在考试时要答对得分点，答出一个得分点就给分，说的不完全一致，也会给分，多答不会给分的，只会按点给分。不明确用到什么规范的情况就用"强制性条文"或者"有关法规"代替，在回答问题时，只要有可能，就在答题的内容前加上这样一句话：根据有关法规或根据强制性条文，通常这些是得分点之一。

主观题部分作答应言简意赅，并多使用背景资料中给出的专业术语。考生在考试时应相信第一感觉，往往很多考生在涂改答案过程中，"把原来对的改成错的"这种情形有很多。在确定完全答对时，就不要展开论述，也不要写多余的话，能用尽量少的文字表达出正确的意思就好，这样评卷人看得舒服，考生自己也能省时间。如果答题时发现错误，不得使用涂改液等修改，应用笔画个框圈起来，打个"×"即可，然后再找一块干净的地方重新书写。

1Z301000　建设工程基本法律知识

1Z301010　建设工程法律体系

专项突破1　我国法的形式

项目	制定部门	示例
宪法	全国人民代表大会	《宪法》
法律	全国人民代表大会和全国人民代表大会常务委员会【2014年考过】	包括《建筑法》《民法典》等
行政法规	国务院制定【2010年考过】	包括《建设工程质量管理条例》《建设工程安全生产管理条例》《招标投标法实施条例》等【2021年考过】
地方性法规、自治条例和单行条例	省、自治区、直辖市的人民代表大会及其常务委员会制定	包括《北京市建筑市场管理条例》《天津市建筑市场管理条例》等
部门规章	国务院各部、委员会、中国人民银行、审计署和具有行政管理职能的直属机构制定	包括《房屋建筑和市政基础设施工程质量监督管理规定》《房屋建筑和市政基础设施工程竣工验收备案管理办法》《必须招标的工程项目规定》等【2022年考过】
地方政府规章	省、自治区、直辖市和设区的市、自治州的人民政府制定	包括《重庆市建设工程造价管理规定》《安徽省建设工程造价管理办法》等
国际条约	—	

重点难点专项突破

1. 巧学妙记：规章的名称中后缀为"办法""规定"；法规的名称中后缀为"条例"；地方性规章、法规的名称特点是在前面加"××地"作限定，其后缀同行政法规和部门规章。

2. 没有法律、行政法规、地方性法规的依据，地方政府规章不得设定减损公民、法人和其他组织权利或者增加其义务的规范。【2022年考过】

3. 本考点可能会这样命题：

（1）依照我国的法律形式，《建筑法》属于（　　　）。

A. 部门规章　　　　　　　　　B. 行政法规

C. 法律　　　　　　　　　　　D. 地方性法规

【答案】C

（2）行政法规的制定主体是（　　　）。

A. 全国人民代表大会　　　　　B. 全国人民代表大会常务委员会

C. 国务院　　　　　　　　　　D. 最高人民法院

专项突破2　法的效力层级

1	宪法至上	
2	上位法优于下位法 ⇒	① 宪法>法律>行政法规>地方性法规、部门规章。 ② 地方性法规>本级和下级地方规章。 ③ 部门规章之间、部门规章与地方政府规章之间具有同等效力，在各自权限范围内施行【2022年考过】
3	特别法优于一般法 ⇒ 新法优于旧法 ⇒	① 一般法VS特别法，按特别法。 ② 新法VS旧法，按新法。 ③ 新一般法VS旧特别法，由制定机关裁决（如：法律间新的一般规定与旧的特别规定不一致的，由法律的制定机关——全国人大常委会裁决）

重点难点专项突破

1. 法的效力层级除了上图所示的几种情形外，还包括一些需要由有关机关裁决适用的特殊情况，这部分内容将在下一考点讲述。

2. 本考点可能会这样命题：

关于法的效力层级的说法，正确的有（　　　）。

A. 宪法至上　　　　　　　　　　B. 新法优于旧法

C. 一般法高于特别法　　　　　　D. 任何机关和个人不得裁决法律适用情况

E. 上位法优于下位法

【答案】A、B、E

专项突破3　需要由有关机关裁决适用的特殊情况

例题：行政法规之间对同一事项的新的一般规定与旧的特别规定不一致，不能确定如何适用时，由（　　　）裁决。【2019年真题题干】

A. 全国人民代表大会常务委员会　　B. 国务院【2011年、2019年考过】

C. 制定机关　　　　　　　　　　　D. 最高人民法院

【答案】B

重点难点专项突破

1. 本考点还可以考核的题目有：

（1）法律之间对同一事项的新的一般规定与旧的特别规定不一致，不能确定如何适用时，由（A）裁决。

（2）地方性法规之间，同一机关制定的新的一般规定与旧的特别规定不一致时，由（C）裁决。

（3）地方性法规与部门规章之间对同一事项的规定不一致，不能确定如何适用时，由（B）提出意见。

> 提问：针对国务院提出的不同意见，又该如何做呢？
>
> 答：国务院认为适用地方性法规的，应决定在该地方适用地方性法规的规定；国务院认为适用部门规章的，应提请全国人民代表大会常务委员会裁决。【2020年考过】

（4）部门规章之间、部门规章与地方政府规章之间对同一事项的规定不一致时，由（B）裁决。【2010年考过】

（5）根据授权制定的法规与法律规定不一致，不能确定如何适用时，由（A）裁决。【2020年、2021年考过】

2. D选项为考试时可能会出现的干扰项。

3. 考生在学习时还应注意总结，找出共性的内容。比如：需要由全国人民代表大会常务委员会／国务院／制定机关裁决的情形都有哪些？

裁决部门	具体情形
需要由全国人民代表大会常务委员会裁决的情形	（1）法律之间对同一事项的新的一般规定与旧的特别规定不一致，不能确定如何适用。 （2）根据授权制定的法规与法律规定不一致，不能确定如何适用
需要由国务院裁决的情形	（1）行政法规之间对同一事项的新的一般规定与旧的特别规定不一致，不能确定如何适用。 （2）部门规章之间、部门规章与地方政府规章之间对同一事项的规定不一致【2020年，2022年考过】
需要由制定机关裁决的情形	同一机关制定的新的一般规定与旧的特别规定不一致

1Z301020　建设工程法人制度

专项突破1　法人

序号	法人应具备的条件
1	依法成立【2011年考过】
2	有自己的名称、组织机构、住所、财产或者经费【2011年考过】
3	能够独立承担民事责任【2011年、2020年考过】
4	有法定代表人【2011年考过】

重点难点专项突破

1. 本考点还应当掌握以下采分点：

（1）有必要的财产或者经费是法人进行民事活动的物质基础。【2019年考过】

（2）法定代表人代表法人从事民事活动，其法律后果由法人承担。

2. 本考点可能会这样命题：

关于法人应当具备条件的说法，正确的是（　　）。

A. 须经有关机关批准
B. 有技术负责人
C. 承担有限民事责任
D. 应当有自己的名称和组织机构

【答案】D

3. 知识拓展。

> 正确区分法人、法定代表人以及法人代表
>
> 法人：是具有法律人格的组织。
>
> 法定代表人：是代表法人从事民事活动的负责人。
>
> 法人代表：是法定代表人指派的代表法人对外依法行使民事权利和义务的人。

专项突破2　法人的分类

法人的类别	具体举例	取得法人资格的时间
营利法人	有限责任公司、股份有限公司和其他企业法人	依法登记之日
非营利法人	事业单位、社会团体、基金会、社会服务机构	需要登记的：依法登记之日。无需登记的：成立之日
特别法人	机关法人、农村集体经济组织法人、城镇农村的合作经济组织法人、基层群众性自治组织法人【2018年考过】	成立之日

重点难点专项突破

1. 依法设立的营利法人，营业执照签发日期为营利法人的成立日期。

2. 关于法人的分类虽然只在2018年考过一道单项选择题，在今后考查的可能性还是很大的。

3. 本考点可能会这样命题：

根据《民法典》，法人分为（　　）。

A. 企业法人和非企业法人
B. 机关法人、企业法人和社团法人
C. 一般法人和特别法人
D. 营利法人、非营利法人和特别法人

【答案】D

专项突破3　项目经理与项目经理部

项目	负责人	成立条件	法人资格	民事责任
企业法人	企业法人代表	工商行政管理机关核准登记	有	有
项目经理部	项目经理	由企业根据项目而组建	无【2015年、2021年考过】	无（由企业法人承担）【2015年、2022年考过】

1．本考点在历年考试中多以说法正确与否的方式进行考核。

2．关于项目经理部还需知道其性质：项目经理部是施工企业为了完成某项建设工程施工任务而设立的组织，是由一个项目经理与技术、生产、材料、成本等管理人员组成的项目管理班子，是一次性的具有弹性的现场生产组织机构。

3．最后再来看一下与项目经理部一字之差的项目经理又该如何定位：

（1）项目经理是一种施工企业内部的岗位职务。

（2）项目经理是企业法人授权在建设工程施工项目上的管理者。【2014年考过】

（3）项目经理签字的材料款，如果不按时支付，材料供应商应当以施工企业为被告提起诉讼。【2016年考过】

4．本考点可能会这样命题：

（1）关于项目经理部的说法，正确的是（　　）。

A．项目经理部是施工企业的常设下属机构

B．施工项目不论规模大小，均应当设立项目经理部

C．项目经理部可以独立承担民事责任

D．施工企业应当明确项目经理部的职责

【答案】D

（2）关于建设工程施工企业法人资格的说法，正确的有（　　）。

A．施工企业分公司不具有法人资格

B．施工企业的项目经理部不具有法人资格

C．施工企业法人属于财团法人

D．施工企业的法定代表人是法人

E．施工企业的法人资格经工商行政机关核准登记后取得

【答案】A、B、E

1Z301030　建设工程代理制度

专项突破1　代理行为的特征与种类

例题：建设单位欠付工程款，施工企业指定本单位职工申请仲裁，该职工的行为属于（　　）。

A．法定代理

B．委托代理【2010年、2012年考过】

C．无权代理

D．指定代理

【答案】B

重点难点专项突破

1. 本考点还可以考核的题目有：

（1）《民法典》规定，代理包括（A、B）。

（2）（B）授权采用书面形式的，授权委托书应当载明代理人的姓名或者名称、代理事项、权限和期间，并由被代理人签名或者盖章。

（3）被代理人以意思表示的方法将代理权授予代理人的属于（B）。

（4）根据法律的规定而发生的代理属于（A）。

2. C、D选项为考试时可能会出现的干扰项。

3. 如果对代理的种类进行考查的话，考查委托代理的可能性较大。

4. 关于法定代理只要记住两个要点即可：一是法定代理人的产生来自法律的直接规定；二是精神病人及儿童的代理人属于法定代理人。

5. 代理的特征需要根据四个关键词来理解和记忆：范围、名义、意义、后果。

范围	必须在代理权限范围内实施代理行为
名义	以被代理人的名义实施代理行为
意义	必须是具有法律意义的行为
后果	法律后果归属于被代理人

代理关系涉及的三方主体（即代理人、被代理人、相对人）、两个法律关系【2020年考过】，具体见下图。

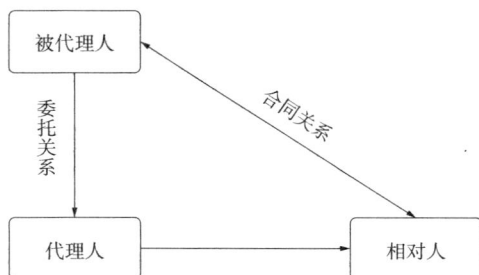

专项突破2　建设工程代理行为的设立及终止

例题：下列情形中，构成委托代理终止的是（　　　　）。

A. 代理期限届满

B. 被代理人取消委托【2016年考过】

C. 代理人丧失民事行为能力

D. 代理事务完成

E. 代理人辞去委托

F. 代理人死亡

G. 被代理人死亡

H. 作为被代理人或者代理人的法人、非法人组织终止【2017年考过】

【答案】A、B、C、D、E、F、G、H

重点难点专项突破

1. 本考点还可以考核的题目有：

建设工程代理行为的终止情形包括（A、B、D、E、H）。

2. 委托代理的终止情形是非常重要的采分点，一定要掌握。

3. 被代理人单方取消委托，代理人单方辞去委托，均不以对方同意为前提，并以通知到对方时，代理权即行消灭。【2022年考过】

4. 除了建设工程代理行为的终止情形外，考生还应掌握建设工程代理行为设立的相关内容。关于建设工程代理行为的设立，可能会考核以下内容：

（1）依照法律规定或者按照双方当事人约定，应当由本人实施的民事法律行为，不得代理。【2019年考过】

（2）建设工程的承包活动不得委托代理。

（3）建设工程代理行为多为民事法律行为的委托代理。

专项突破3 无权代理与表见代理

例题：无权代理是指行为人不具有代理权，但以他人的名义与第三人进行法律行为。无权代理的表现形式包括（　　　）。

A. 自始未经授权　　　　　　　　B. 超越代理权

C. 代理权已终止　　　　　　　　D. 转托他人代理

【答案】A、B、C

重点难点专项突破

1. D选项为考试时可能会出现的干扰项。

2. 代理人一旦具有"自始未经授权/超越代理权/代理权已终止"三种情形中的任意一种，该代理行为便可被认定为无权代理行为。

3. 无权代理行为的法律效力如何呢？这主要取决于被代理人是否予以追认：

> 被代理人对无权代理人实施的行为如果予以追认，则无权代理可转化为有权代理；如果被代理人不予追认的，对被代理人不发生效力，则无权代理人需承担因无权代理行为给被代理人和善意第三人造成的损失。

4. 再来讲一下与无权代理较为相似的一个概念——表见代理。

> 先来思考几个问题：
> （1）表见代理的行为人有无代理权？
> （2）表见代理的代理行为是否有效？法律后果由谁承担？

以上问题通过表见代理的概念即可得出答案:

表见代理是指行为人虽无权代理,但由于行为人的某行为,造成了足以使善意第三人相信其有代理权的表象,而与善意第三人进行的、由本人承担法律后果的代理行为。《民法典》规定,行为人没有代理权、超越代理权或者代理权终止后,仍然实施代理行为,相对人有理由相信行为人有代理权的,代理行为有效。【2014年、2019年、2021年、2022年考过】

5. 表见代理对本人产生有权代理的效力,但本人在承担表见代理行为所产生的责任后,是可以向无权代理人追偿因代理行为而遭受的损失的。来看一下这一采分点在考试时会采用怎样的考查形式:

施工企业与保险代理人张某签署了盖有保险公司印章的工程保险合同,并足额缴付了保费,但张某表示需将保费交回公司后才能签发保单,后施工企业发生保险事故要求赔偿时,保险公司称张某已离职,且其未将保险合同和保费交回公司。关于该案中责任承担的说法,正确的是( )。【2011年真题】

A. 张某应当向施工企业赔偿损失

B. 施工企业补缴保费后,保险公司方可赔偿损失

C. 保险公司找到张某追回保费后,方可给予施工企业赔偿

D. 保险公司应当支付保险金,并可向张某追偿

【答案】D

6. 无权代理与表见代理的认定会结合合同的效力进行考核,例如:

(1)乙施工企业委托员工王某与甲建设单位办理结算事宜。后王某离职,乙未及时将该情形告知甲。此后,王某又和甲签署了一份结算文件。关于该结算文件的说法,正确的是( )。【2022年真题】

A. 对乙无效   B. 其后果由乙承担

C. 其后果由王某承担   D. 对甲无效

【答案】B

(2)甲公司的业务员王某被开除后,为报复甲公司,用盖有甲公司公章的空白合同书与乙公司订立一份建材购销合同。乙公司并不知情,并按时将货物送至甲公司所在地。甲公司拒绝接收,引起纠纷。关于该案代理与合同效力的说法,正确的是( )。【2014年真题】

A. 王某的行为为无权代理,合同无效   B. 王某的行为为表见代理,合同无效

C. 王某的行为为委托代理,合同有效   D. 王某的行为为表见代理,合同有效

【答案】D

7. 知识拓展。

三个字鉴别表见代理

表见代理属于无权代理的特殊情况。

考查表见代理的题,最重要的标志就是在题干中必然有一句话说明相对人是善意的,是不知情的,因此看某一情形是否属于表见代理主要是看题干中有没有"不知情"这一情况。

专项突破4 代理中不当或违法行为应承担的法律责任

例题: 代理人和相对人串通,损害被代理人的利益的,由( )负连带责任。

A. 代理人   B. 相对人

C. 行为人   D. 被代理人

【答案】A、B

重点难点专项突破

1. 本考点还可以考核的题目有:

(1)相对人知道行为人没有代理权、超越代理权还与行为人实施民事行为给他人造成损害的,由(B、C)负连带责任。【2013年考过】

(2)相对人知道行为人代理权已终止还与行为人实施民事行为给他人造成损害的,由(B、C)负连带责任。

(3)代理人知道被委托代理的事项违法仍然进行代理活动的,由(A、D)负连带责任。【2018年、2021年考过】

(4)被代理人知道代理人的代理行为违法不表示反对的,由(A、D)负连带责任。

2. 各类不当或违法行为的责任承担主体需要重点记忆。

1Z301040 建设工程物权制度

专项突破1 物权的种类及特征

例题: 物权包括所有权、用益物权和担保物权。其中,用益物权是权利人对他人所有的不动产或者动产,依法享有占有、使用和收益的权利,包括( )。

A. 土地承包经营权【2012年、2022年考过】

B. 宅基地使用权

C. 建设用地使用权【2012年、2022年考过】

D. 地役权【2012年、2022年考过】

E. 占有权

F. 收益权

G. 使用权

H. 处分权

I. 居住权【2022年考过】

【答案】A、B、C、D、I

重点难点专项突破

1. 本考点还可以考核的题目有:

（1）所有权（又称财产所有权）是物权中最重要也最完全的一种权利，包括（E、F、G、H）。【2019年考过】

（2）所有权内容的核心是（H）。

2. 本考点的主要采分点是用益物权的种类，应着重掌握。

巧学妙记

用益物权包括土地承包经营权、建设用地使用权、宅基地使用权、地役权和居住权。

用益物权包括的五项典型权利中的前四项均有一个"地"字，而居住权也与"地"有关，这就能很好的与所有权及担保物权的典型权利区分开。

---

3. 在所有权的典型权利中：占有权是前提；处分权是最基本的权利和核心。【2019年、2020年考过】

4. 在掌握了物权的种类后，再来学习本考点的第二个采分点——物权的特征。

对于物权的特征记住以下几个关键词即可：支配权、绝对权、财产权、排他性。【2014年考过】

专项突破2　建设用地使用权

项目		内容
设立	范围	只能存在于国家所有的土地上，不包括集体所有的农村土地。 可以在土地的地表、地上或者地下分别设立【2018年、2020年、2022年考过】
	方式	可以采取出让或者划拨等方式；工业、旅游和商品住宅等经营性用地应当采取招标、拍卖等方式【2022年考过】
	时限	建设用地使用权自登记时设立【2017年、2019年考过】
流转		（1）建设用地使用权人有权将建设用地使用权转让、互换、出资、赠与或者抵押。【2021年考过】 （2）建设用地使用权人将建设用地使用权转让、互换、出资、赠与或者抵押的，使用期限由当事人约定但不得超过建设用地使用权的剩余期限。 （3）建设用地使用权人将建设用地使用权转让、互换、出资、赠与或者抵押的，附着于该土地上的建筑物、构筑物及其附属设施一并处分【2015年、2021年考过】
续期	住宅建设用地使用权	自动续期【2018年考过】
	非住宅建设用地使用权	依照法律规定办理

重点难点专项突破

1. 本考点在历年考试中的考核频次很高，一定要掌握。

2. 新设立的建设用地使用权，不得损害已设立的用益物权。【2022年考过】

3. 建设用地使用权的"出让"方式有招标、拍卖等。对于"划拨"应当知道的是：国家严格限制以划拨方式设立建设用地使用权。

4. 本考点可能会这样命题：

（1）关于建设用地使用权的说法，正确的是（　　　）。

A. 建设用地使用权存在于国家所有和集体所有的土地上
B. 建设用地使用权的设立可以采取转让方式
C. 建设用地使用权流转时，附着于该土地上的建筑物、构筑物及附属设施应一并处分
D. 建设用地使用权期间届满的，自动续期
【答案】C
（2）住宅建设用地使用权期间届满的，（　　　）。
A. 依法办理手续后续期
B. 自动消灭
C. 自动续期
D. 由主管部门注销
【答案】C

专项突破3　地役权

项目		内容
性质		按照当事人的约定设立的用益物权【2020年考过】
设立目的		利用他人的不动产，以提高自己的不动产的效益【2021年考过】
设立	形式	应当采取书面形式订立地役权合同【2017年考过】
	时限	地役权自地役权合同生效时设立。【2017年、2020年、2021年、2022年考过】 当事人要求登记的，可以向登记机构申请地役权登记；未经登记的，不得对抗善意第三人【2017年考过】
合同内容		（1）当事人的姓名或者名称和住所。 （2）供役地和需役地的位置。 （3）利用目的和方法。 （4）地役权期限。 （5）费用及其支付方式。 （6）解决争议的方法【2017年考过】
变动		需役地以及需役地上的土地承包经营权、建设用地使用权部分转让时，转让部分涉及地役权的，受让人同时享有地役权。供役地以及供役地上的土地承包经营权、建设用地使用权、宅基地使用权部分转让时，转让部分涉及地役权的，地役权对受让人具有约束力【2013年、2016年、2020年考过】

重点难点专项突破

1. 在考查地役权时，通常会采用一个小案例的形式表述某一事件，让考生判断题目所述权利属于哪一种。

2. 地役权的概念可能会采用的考核形式如下：

甲、乙两单位相邻，甲需经过乙的厂区道路出入，甲乙之间约定甲向乙支付一定的费用。该约定中甲享有的权利是（　　　）。【2018年真题】

A. 土地承包经营权
B. 地役权
C. 土地使用权
D. 土地所有权

【答案】B

【分析】本题如采用图的形式来表示，可能会更容易被理解。

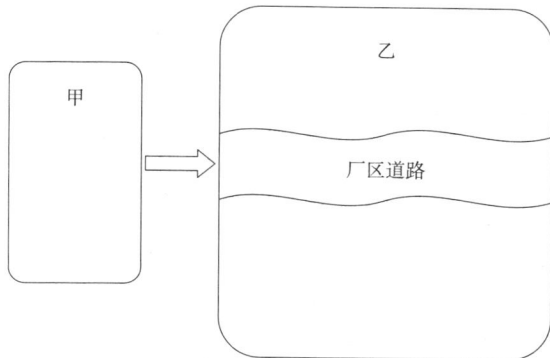

地役权其实并不难，只要理解了概念得分就不是难事。理解地役权的概念关键记住一句话：为使用自己不动产而利用他人不动产。

3. 牢记：他人的不动产为供役地；自己的不动产为需役地。

这一采分点可能会采用的考核形式如下：

甲在乙拥有使用权的土地上设立地役权并办理了登记，乙将自己的土地使用权让给丙，关于各方权利的说法，正确的是（   ）。【2016年真题】

A. 甲的地役权因办理登记而设立

B. 乙转让土地使用权应经甲同意

C. 土地所有权设立地役权不必经乙同意

D. 甲的地役权对丙具有约束力

【答案】D

4. 本考点可能会这样命题：

（1）甲房地产公司在A地块开发住宅小区，为满足该小区的住户观景的需要，便与相邻的乙工厂协商约定，甲公司支付乙工厂800万元，乙工厂在20年内不在本厂区建设15米以上的建筑物，以免遮挡住户观景。合同签订生效后甲公司即支付了全部款项。后来，甲公司将A地块的建设用地使用权转让给丙置业公司。关于A地块权利的说法，正确的是（   ）。

A. 甲公司对乙工厂的土地拥有地役权

B. 甲公司对乙工厂的土地拥有担保物权

C. 甲公司约定的权利自合同公证后获得

D. 甲公司转让A地块后，丙公司不享有该项权利

【答案】A

（2）关于地役权的说法，正确的有（   ）。

A. 地役权的设立是为了提高供役地的使用效率

B. 地役权未经登记不得对抗需役地人

C. 需役地上的用益物权转让时，受让人同时享有地役权

D. 地役权由需役地人单方设立

E. 地役权属于用益物权

【答案】C、E

专项突破4 物权的设立、变更、转让、消灭

类别	内容
不动产物权	（1）不动产物权的设立、变更、转让和消灭，依照法律应当登记的，自记载于不动产登记簿时发生效力。【2009年、2012年、2018年考过】 （2）依法属于国家所有的自然资源，所有权可以不登记。【2019年考过】 （3）当事人之间订立有关设立、变更、转让和消灭不动产物权的合同，除法律另有规定或者合同另有约定外，自合同成立时生效；未办理物权登记的，不影响合同效力【2011年、2012年、2021年考过】
动产物权	（1）除法律另有规定外，动产物权的设立和转让，自交付时发生效力。 （2）船舶、航空器和机动车等物权的设立、变更、转让和消灭，未经登记，不得对抗善意第三人

重点难点专项突破

1. 从上表所标注的历年真题的考查情况可以看出：对不动产物权的考查要多于动产物权；不动产/动产物权的效力发生时间一定要牢记并区分开。

2. 本考点可能会这样命题：

（1）当事人之间订立转让不动产物权的合同，未办理物权登记的，除法律另有规定或者合同另有约定外，（　　）。

A. 合同不生效　　　　　　　　　　B. 合同无效

C. 合同终止　　　　　　　　　　　D. 不影响合同效力

【答案】D

（2）关于不动产物权设立的说法，正确的有（　　）。

A. 不动产物权的设立属自愿登记

B. 不动产物权变动未经登记，不影响当事人之间订立的消灭不动产物权合同的效力

C. 依法属于国家所有的自然资源，所有权可以不登记

D. 不动产物权的设立和转让自交付时发生效力

E. 不动产物权自合同成立时设立

【答案】B、C

1Z301050 建设工程债权制度

考点 建设工程债的发生根据

例题：建设工程债的产生根据有（　　）。【2020年真题题干】

A. 合同【2013年、2016年、2019年、2020年考过】

B. 侵权【2010年、2011年、2012年、2014年、2017年、2019年、2020年、2022年考过】

C. 无因管理【2011年、2020年考过】

D. 不当得利【2013年、2016年、2017年、2018年、2019年、2020年考过】

【答案】A、B、C、D

重点难点专项突破

1. 本考点还可以考核的题目有：

（1）引起债权债务关系发生的最主要、最普遍的根据是（A）。

（2）材料设备买卖合同的订立，会在施工单位与材料设备供应商之间产生（A）之债。

（3）当事人之间按照约定产生的债是（A）之债。【2016年考过】

（4）施工企业在施工中不采取相应防范措施，造成第三人人身伤害的，其应当承担（B）责任。

（5）施工单位将施工废料倒入邻近鱼塘造成大量鱼苗死亡而发生的债称为（B）之债。

（6）分包商在施工时操作不当造成公用供电设施损坏而发生的债称为（B）之债。

（7）某施工企业进行爆破施工时，不慎将临近一住宅墙体震裂，该施工企业与住宅居民因（B）产生了债权债务关系。

（8）建筑物、构筑物或者其他设施倒塌造成他人损害的，由建设单位与施工企业承担连带责任。该责任在债的产生根据中属于（B）之债。【2021年、2022年考过】

> 第（4）～（8）题均考查的是债的产生根据中的"侵权"，那么什么是侵权呢？其承担方式又有哪些呢？
>
> 侵权是指公民或法人没有法律依据而侵害他人的财产权利或人身权利的行为。
>
> 《民法典》规定，承担侵权责任的方式主要有：（1）停止侵害；（2）排除妨碍；（3）消除危险；（4）返还财产；（5）恢复原状；（6）修理、重做、更换；（7）继续履行；（8）赔偿损失；（9）赔礼道歉；（10）消除影响、恢复名誉。以上承担侵权责任的方式，可以单独适用，也可以合并适用。

（9）甲施工企业误将应支付给乙供应商的贷款支付给了丙供应商。关于该笔贷款的返还，丙与甲间债的产生根据属于（D）。

（10）没有法律上的特定义务，也没有受到他人委托，自觉为他人管理事务或提供服务而发生的债称为（C）。

2. 在建设工程债的产生根据中考核最多的是侵权之债，因此考生在复习时可有所侧重。

3. 下面来学习一下，无因管理人及不当得利受损人的补偿：

（1）根据《民法典》规定，无因管理的管理人没有法定的或者约定的义务，为避免他人利益受损失而管理他人事务的，可以请求受益人偿还因管理事务而支出的必要费用；管理人因管理事务受到损失的，可以请求受益人给予适当补偿。【2022年考过】

（2）根据《民法典》规定，不当得利的得利人没有法律根据取得不当利益的，受损失的人可以请求得利人返还取得的利益，但是有下列情形之一的除外：

① 为履行道德义务进行的给付；【2021年考过】

② 债务到期之前的清偿；【2021年考过】

③ 明知无给付义务而进行的债务清偿。【2021年考过】

4. 对于债的发生根据，考生可根据下图进行理解记忆。

1Z301060　建设工程知识产权制度

专项突破1　知识产权的法律特征及类型

法律特征	释义
财产权和人身权的双重属性【2017年、2020年考过】	只有知识产权具有财产权和人身权的双重属性
专有性	知识产权具有绝对的排他性【2020年考过】
地域性	知识产权在空间上要受到地域的限制【2020年考过】
期限性	知识产权仅在法律规定的期限内受到法律的保护【2017年考过】

重点难点专项突破

1. 对本考点进行考查时，在选项的设置上不会有太多的陷阱，通常会采用直接提问的方式考查法律特征有哪些。

2. 知识产权的类型记住下图即可：

3. 本考点可能会这样命题：

使用他人知识产权必须经权利人同意，这体现了知识产权的（　　）。

A．期限性　　　　　　　　　　　　B．地域性
C．专有性　　　　　　　　　　　　D．财产权和人身权的双重性
【答案】C

专项突破2　专利权

专利权是指权利人在法律规定的期限内，对其发明创造所享有的制造、使用和销售的专有权。专利法的保护对象包括（　　）。

A. 发明【2014年、2015年、2022年考过】

B. 实用新型【2013年、2014年考过】

C. 外观设计【2014年考过】

D. 图形作品

【答案】A、B、C

<hr>

重点难点专项突破

1. 本考点还可以考核的题目有：

（1）对产品、方法或者其改进所提出的新的技术方案被称为（A）。

（2）对产品的形状、构造或者其结合所提出的适于实用的新的技术方案被称为（B）。

（3）对产品整体或局部的形状、图案或者其结合以及色彩与形状、图案的结合所作出的富有美感并适于工业应用的新设计被称为（C）。

（4）授予专利权的（A、B），应当具备新颖性、创造性和实用性。

> 注意：申请专利的发明创造在申请日前6个月内，有下列情形之一的，不丧失新颖性：①在中国政府主办或者承认的国际展览会上首次展出的；②在规定的学术会议或者技术会议上首次发表的；③他人未经申请人同意而泄露其内容的。【2016年考过】

（5）授予专利权的（C），应当具备新颖性、富有美感和适于工业应用。

> 在授予专利权的条件中，属于共性条件的是：新颖性。

（6）《专利法》规定，（A）专利权的期限为20年，自申请日起计算。【2020年考过】

（7）《专利法》规定，（B）专利权的期限为10年，自申请日起计算。

（8）《专利法》规定，（C）专利权的期限为15年，自申请日起计算。

2. D选项为考试时可能会出现的干扰项。

3. 发明应具备的3个条件也要有所掌握，记忆关键词：创造性构思、技术方案、利用自然规律。

4. 专利权的期限非常重要一定要掌握，这一采分点通常会采取小案例的形式来考查，例如：

李某研发了一种混凝土添加剂，向国家专利局提出实用新型专利申请，2010年5月12日国家专利局收到李某的专利申请文件，经过审查，2013年8月16日国家专利局授予李某专利权。该专利权届满的期限是（　　　）。【2018年真题】

A. 2020年5月12日

B. 2023年8月16日

C. 2030年5月12日

D. 2033年8月16日

【答案】A

专项突破3　商标专用权

项目	内容
内容	（1）只包括财产权。【2016年考过】 （2）包括使用权和禁止权两个方面【2016年、2021年考过】
保护对象	经过国家商标管理机关核准注册的商标，未经核准注册的商标不受商标法保护【2016年、2021年考过】
有效期	有效期为10年，自核准注册之日起计算【2012年、2015年、2021年考过】
续展	（1）注册商标有效期满，需要继续使用的，应当在期满前12个月内申请续展注册。 （2）每次续展注册商标的有效期为10年
转让	（1）商标专用权人可以将商标连同企业或者商誉同时转让，也可以将商标单独转让。【2022年考过】 （2）转让人和受让人应当共同向商标局提出申请。【2022年考过】 （3）转让注册商标的，商标注册人对其在同一种商品上注册的近似的商标，或者在类似商品上注册的相同或者近似的商标，应当一并转让【2022年考过】

重点难点专项突破

1. 商标设计者的人身权受著作权法保护。

2. 注册商标有效期满的续展，如果在"期满前12个月内"未能提出申请的，可以给予6个月的宽展期。

3. 本考点及上一考点涉及多个关于时效期间起算日的采分点，现将其整理在同一表格中，考生要对比记忆，避免混淆。

项目		起算日
专利权的期限		国务院专利行政主管部门收到专利申请文件之日（如申请文件是邮寄的，以寄出的邮戳日为申请日）【2020年考过】
专利权的生效	发明专利权	公告之日
	实用新型专利权	
	外观设计专利权	
注册商标的期限		核准注册之日

4. 本考点可能会这样命题：

关于商标专用权的说法，正确的是（　　　）。

A. 商标专用权包括使用权和禁止权两个方面

B. 注册商标的有效期为10年，自核准注册之日起计算

C. 商标专用权是商标所有人对其设计的商标所享有的权利

D. 商标专用权人可以将商标连同企业或者商誉同时转让，也可以将商标单独转让

E. 商标专用权的内容包括财产权和人身权

【答案】A、B、D

专项突破4　著作权

例题：建设工程活动中常见的著作权作品包括（　　　）。

A. 文字作品　　　　　　　　　B. 建筑作品
C. 图形作品　　　　　　　　　D. 外观设计专利
【答案】A、B、C

重点难点专项突破

1. 本考点还可以考核的题目有：
（1）建设单位编制的招标文件属于（A）。
（2）项目经理完成的工作报告属于（A）。
（3）以建筑物或者构筑物形式表现的有审美意义的作品属于（B）。
（4）为施工、生产绘制的工程设计图、产品设计图属于（C）。
（5）反映地理现象、说明事物原理或者结构的地图、示意图等作品属于（C）。
2. D选项为考试时可能会出现的干扰选项。
3. 关于著作权的第二个采分点是著作权归属，下面列表说明：

作品类型	举例	著作权归属
单位作品	招标文件、投标文件	完全归单位所有
职务作品	利用法人或者非法人组织的物质技术条件创作，并由法人或者非法人组织承担责任的工程设计图、产品设计图、地图、计算机软件等作品	由作者享有，但法人或者非法人组织有权在其业务范围内优先使用【2017年考过】
委托作品	勘察设计文件	由委托人和受托人通过合同约定（如合同未作明确约定或者没有订立合同的则归属于受托人）【2011年考过】

1Z301070　建设工程担保制度

专项突破1　担保合同

重点难点专项突破

1. 担保合同的性质是历年考试的常考点，一定要记住。
2. 本考点可能会这样命题：
主债权债务合同无效，担保合同（　　　），担保合同另有约定的，按照约定。
A. 仍然有效　　　　　　　　　B. 无效
C. 在担保期间内有效　　　　　D. 效力待定
【答案】B

专项突破2　保证合同的内容及主体

序号	保证合同的内容
1	被保证的主债权种类【2014年考过】
2	被保证的主债权数额
3	债务人履行债务的期限
4	保证的方式【2014年考过】
5	保证担保的范围【2014年考过】
6	保证的期间【2014年考过】

重点难点专项突破

1. 本考点共两个采分点：一是保证合同的内容；二是保证合同的主体。第一个采分点相信考生看过上题后已经掌握了，第二个采分点的考查要点见下图。

2. 在建设工程活动中，由于担保的标的额较大，因此保证人往往是银行或是担保公司，也有信用较高的其他担保人，如担保公司。【2022年考过】

3. 本考点可能会这样命题：

（1）保证合同的订立主体包括（　　　）。

A. 债权人与债务人　　　　　　　　B. 债权人与保证人

C. 债务人与保证人　　　　　　　　D. 保证人与被保证人

【答案】B

（2）根据《民法典》，除双方认定需要约定的其他事项外，下列条款中，属于保证合同应当包含的内容有（　　　）。

A. 被保证的主债权种类　　　　　　B. 保证人的资产状况

C. 保证的期间　　　　　　　　　　D. 保证的方式

E. 保证担保的范围

【答案】A、C、D、E

专项突破3　保证方式与责任

例题：在建设工程活动中，保证是最为常用的一种担保方式。保证的方式包括（　　　）。

A. 一般保证   B. 连带责任保证

C. 特别保证   D. 无效保证

【答案】A、B

重点难点专项突破

1. 本考点还可以考核的题目有：

（1）当事人在保证合同中约定，债务人不能履行债务时，由保证人承担保证责任的是（A）。

（2）（A）的保证人在主合同纠纷未经审判或者仲裁，并就债务人财产依法强制执行仍不能履行债务前，有权拒绝向债权人承担保证责任。

> 上题所述情形并不绝对，考生还应知道以下除外情形：
>
> ① 债务人下落不明，且无财产可供执行；
>
> ② 人民法院已经受理债务人破产案件；
>
> ③ 债权人有证据证明债务人的财产不足以履行全部债务或者丧失履行债务能力；
>
> ④ 保证人书面表示放弃《民法典》所规定的权利。

（3）当事人在保证合同中约定保证人与债务人对债务承担连带责任的保证方式是（B）。

（4）（B）的债务人在主合同规定的债务履行期届满没有履行债务的，债权人可以要求债务人履行债务，也可以要求保证人在其保证范围内承担保证责任。

（5）当事人对保证方式没有约定或者约定不明确的，按照（A）承担保证责任。

（6）（A）的保证人未约定保证期间的，保证期间为主债务履行期届满之日起6个月。

2. C、D选项为考试时可能会出现的干扰项。

3. 关于保证还有一个非常重要的采分点——保证责任。

（1）保证担保的范围包括主债权及利息、违约金、损害赔偿金和实现债权的费用（保证合同另有约定的，从其约定）。

（2）保证期间，债权人转让全部或者部分债权，未通知保证人的，该转让对保证人不发生效力。保证人与债权人约定禁止债权转让，债权人未经保证人书面同意转让债权的，保证人对受让人不再承担保证责任。债权人未经保证人书面同意，允许债务人转移全部或者部分债务，保证人对未经其同意转移的债务不再承担保证责任，但是债权人和保证人另有约定的除外。第三人加入债务的，保证人的保证责任不受影响。

【2022年考过】

（3）债权人和债务人未经保证人书面同意，协商变更主债权债务合同内容，减轻债务的，保证人仍对变更后的债务承担保证责任；加重债务的，保证人对加重的部分不承担保证责任。债权人和债务人变更主债权债务合同的履行期限，未经保证人书面同意的，保证期间不受影响。

专项突破4　抵押物范围及抵押的效力

例题：根据《民法典》，下列财产不能作为抵押物的是（　　　　）。

A. 建筑物和其他土地附着物

B. 建设用地使用权

C. 海域使用权

D. 生产设备、原材料、半成品、产品【2021年考过】

E. 交通运输工具

F. 正在建造的建筑物

G. 正在建造的船舶、航空器

H. 土地所有权【2009年、2011年考过】

I. 宅基地、自留地、自留山等集体所有的土地使用权【2009年、2011年、2022年考过】

J. 学校、幼儿园、医院等以公益为目的成立的非营利法人的教育设施、医疗卫生设施【2009年考过】

K. 所有权、使用权不明或者有争议的财产

L. 依法被查封、扣押、监管的财产【2009年、2011年考过】

【答案】H、I、J、K、L

重点难点专项突破

1. 本考点还可以考核的题目有：

（1）根据《民法典》的规定，债务人或者第三人有权处分的财产中，可以抵押的有（A、B、C、D、E、F、G）。

（2）抵押权自登记时设立的抵押财产有（A、B、C、F）。【2010年、2011年考过】

（3）抵押权自抵押合同生效时设立的抵押财产有（D、E、G）。

2. 本考点还需要掌握以下采分点：

（1）抵押担保的范围包括主债权及利息、违约金、损害赔偿金和实现抵押权的费用。当事人也可以在抵押合同中约定抵押担保的范围。

（2）抵押人有义务妥善保管抵押物并保证其价值。

（3）抵押期间，抵押人可以转让抵押财产。当事人另有约定的，按照其约定。抵押财产转让的，抵押权不受影响。抵押人转让抵押财产的，应当及时通知抵押权人。抵押权人能够证明抵押财产转让可能损害抵押权的，可以请求抵押人将转让所得的价款向抵押权人提前清偿债务或者提存。转让的价款超过债权数额的部分归抵押人所有，不足部分由债务人清偿。

（4）抵押权与其担保的债权同时存在。抵押权不得与债权分离而单独转让或者作为其他债权的担保。【2022年考过】

（5）债务履行期届满抵押权人未受清偿的，可以与抵押人协议以抵押物折价或者以拍卖、变卖该抵押物所得的价款受偿；协议不成的，抵押权人可以向人民法院提起诉讼。

专项突破5　抵押权的实现

项目	内容	
实现方式	抵押权人可以与抵押人协议以抵押财产折价或者以拍卖、变卖该抵押财产所得的价款优先受偿。抵押财产折价或者拍卖、变卖后，其价款超过债权数额的部分归抵押人所有，不足部分由债务人清偿【2013年考过】	
清偿顺序	抵押权已登记	抵押权未登记
	按抵押物登记的先后顺序清偿	按债权比例清偿
	注：已经登记的先于未登记的受偿	

重点难点专项突破

1. 同一财产向两个以上债权人抵押的，拍卖、变卖抵押物所得价款的清偿顺序要重点掌握。

2. 本考点可能会这样命题：

关于抵押实现的说法，正确的是（　　　　）。

A. 抵押物折价后，其价款超过债权数额的部分归债务人所有，不足部分由债务人清偿

B. 债务人不履行到期债务的，抵押权人可以与抵押人协议以拍卖该抵押物所得价款受偿

C. 同一财产向两个以上债权人抵押，抵押权已登记生效的，按债权比例清偿

D. 同一财产向两个以上债权人抵押，未登记的先于已登记的受偿

【答案】B

专项突破6　质权

例题：质权是指债务人或者第三人将其动产或权利移交债权人占有，将该动产或权利作为债权的担保。可以出质的权利包括依法可以转让的（　　　　）。

A. 汇票　　　　　　　　　　　　B. 支票

C. 本票　　　　　　　　　　　　D. 债券

E. 存款单　　　　　　　　　　　F. 仓单

G. 提单　　　　　　　　　　　　H. 基金份额

I. 股权　　　　　　　　　　　　J. 注册商标专用权

K. 专利权　　　　　　　　　　　L. 著作权中的财产权

M. 建设用地　　　　　　　　　　N. 房屋所有权【2014年考过】

【答案】A、B、C、D、E、F、G、H、I、J、K、L

重点难点专项突破

1. 本考点还可以考核的题目有：

根据《民法典》，下列不适合作为出质财产的是（M、N）。

2. 通过质权的概念可以总结出以下要点：

【要点1】质押人：债务人或第三人。

【要点2】质押物状态：转移占有。【2020年考过】

动产：将该动产移交债权人占用。

权利：将权利凭证交付给质押人占有（注意：并不绝对）。

【要点3】质物类型：动产或权利。

3. 质权分为动产质权和权利质权，以上题目考查的是可以质权的权利的范围。下面来学习一下何为动产质权以及可以出质的动产的范围都有哪些？

动产质权是指债务人或者第三人将其动产移交债权人占有，将该动产作为债权的担保。法律、行政法规禁止转让的动产不得出质。

专项突破7　留置

项目	内容
概念	是指债权人按照合同约定占有债务人的动产，债务人不按照合同约定的期限履行债务的，债权人有权依照法律规定留置该财产，以该财产折价或者拍卖、变卖该财产的价款优先受偿
留置财产后的债务履行期	留置权人与债务人对留置财产后的债务履行期限没有约定或者约定不明确的，留置权人应当给债务人60日以上履行债务的期限（鲜活易腐等不易保管的动产除外）。债务人逾期未履行的，留置权人可以与债务人协议以留置财产折价，也可以就拍卖、变卖留置财产所得的价款优先受偿
留置权人的义务	留置权人负有妥善保管留置物的义务。因保管不善致使留置物灭失或者毁损的，留置权人应当承担民事责任

重点难点专项突破

1. 通过留置的概念可以总结出以下三个要点：

【要点1】留置人：债务人。

【要点2】留置物状态：转移占有。

【要点3】留置物类型：只能是动产。

2. 讲到这里我们需要横向对比一下抵押、质押以及留置的区别，具体见下表。

项目	人	物的状态	物的类型
抵押	债务人或第三人	不转移占有【2022年考过】	没有限制
质押	债务人或第三人	转移占有	动产或权利
留置	债务人	转移占有	只能是动产

这个表格一定要记住，很有可能会任选两种进行对比，例如：

关于可用于抵押和质押的财产的说法，正确的有（　　　　）。【2018年真题】

A. 动产既可用于抵押，也可用于质押

B. 不动产既可用于抵押，也可用于质押

C. 动产可用于抵押，但不可用于质押

D. 不动产可用于抵押，但不可用于质押

E. 动产可用于质押，但不可用于抵押

【答案】A、D

3. 本考点可能会这样命题：

在下列担保方式中，只能由债务人而非第三人提供担保的是（　　）。

A. 抵押　　　　　　　　　　　　B. 留置

C. 保证　　　　　　　　　　　　D. 质押

【答案】B

专项突破8　定金

项目		内容
定金合同的生效		自实际交付定金时【2020年、2021年考过】
数额		（1）由当事人约定，但不得超过主合同标的额的20%，超过部分不产生定金的效力。【2011年、2020年、2021年考过】
		（2）实际交付的定金数额多于或者少于约定数额的，视为变更约定的定金数额【2021年考过】
实现	履行债务的	定金应当抵作价款或者收回
	不履行债务的	（1）支付定金方违约，不得收回定金。【2020年考过】
		（2）接受定金方违约，双倍返还定金【2017年、2018年考过】

重点难点专项突破

1. 本考点虽然内容不多，但考查频次却很高，属于一定要掌握的知识点。

2. 本考点可能会这样命题：

（1）甲施工企业与乙钢材供应商订立钢材采购合同。合同价款为1000万元，约定定金为300万元，甲实际支付定金100万元，乙按照合同约定开始供货。后在合同履行过程中，双方发生争议。关于本案中定金的说法，正确的是（　　）。

A. 若乙违约，致使合同目的不能实现，则应当向甲返还200万元

B. 双方约定300万元的定金因为超过合同价款的20%而无效

C. 视为变更约定的定金数额为200万元

D. 若甲违约，致使合同目的不能实现，则应当向乙支付100万元

【答案】A

（2）甲施工企业与乙建筑材料公司订立了建筑材料买卖合同，合同总价款300万元，双方约定定金为80万元。合同订立后，甲仅向乙交付了55万元定金。关于本合同中定金的说法，正确的是（　　）。

A. 定金合同自合同订立时成立　　　B. 甲应当补交合同定金5万元

C. 甲应当补交合同定金25万元　　　D. 定金数额视为变更为55万元

【答案】D

1Z301080 建设工程保险制度

专项突破1 保险合同主体

例题： 保险合同是指投保人与保险人约定保险权利义务关系的协议。与保险人订立保险合同，并按照保险合同负有支付保险费义务的人被称为（   ）。

A. 投保人【2010年考过】　　　　B. 保险人

C. 被保险人　　　　　　　　　　D. 受益人

【答案】A

重点难点专项突破

1. 本考点还可以考核的题目有：

（1）（B）是与投保人订立保险合同，并承担赔偿或者给付保险金责任的保险公司。

（2）其财产或者人身受保险合同保障，享有保险金请求权的人是（C）。

> 提问：投保人、被保险人可以是同一人吗？
>
> 答：可以。

（3）人身保险合同中由被保险人或者投保人指定的享有保险金请求权的人是（D）。【2018年考过】

> 提问：投保人、被保险人、受益人可以是同一人吗？
>
> 答：可以。

（4）（A、C）可以为受益人。【2022年考过】

2. 牢记：保险合同的订立主体是投保人与保险人。

专项突破2 财产保险合同与人身保险合同

项目	内容
财产保险合同	在财产保险合同中，保险合同的转让应当通知保险人，经保险人同意继续承保后，依法转让合同。 建筑工程一切险和安装工程一切险均属于财产保险合同。 在合同的有效期内，保险标的的危险程度显著增加的，保险人可以按照合同约定增加保险费或者解除合同【2016年、2020年、2022年考过】
人身保险合同	是以人的寿命和身体为保险标的的保险合同。 投保人可以向保险人一次支付全部保险费，也可以按照合同规定分期支付保险费。【2022年考过】 人身保险的受益人由被保险人或者投保人指定。【2019年考过】 保险人对人身保险的保险费，不得用诉讼方式要求投保人支付【2014年、2017年、2022年考过】

1. 注意：投保人、被保险人、受益人可以是同一人。【2022年考过】
2. 本考点可能会这样命题：

关于财产保险合同的说法，正确的是（   ）。

A. 保险合同不可以转让
B. 保险人不得以诉讼方式要求投保人支付保费
C. 保险合同中的危险具有损失发生的不确定性
D. 被保险人应当与投保人一致

【答案】C

专项突破3   建筑工程一切险及安装工程一切险

例题：建筑工程一切险是承保各类民用、工业和公用事业建筑工程项目，包括道路、桥梁、水坝、港口等，在建造过程中因自然灾害或意外事故而引起的一切损失的险种。下列损失和费用，属于建筑工程一切险保险责任范围的有（   ）。【2020年考过】

A. 自然事件引起的损失和费用【2022年考过】
B. 意外事故引起的损失和费用【2013年、2020年、2022年考过】
C. 设计错误引起的损失和费用【2022年考过】
D. 自然磨损、内在或潜在缺陷、物质本身变化、自燃、自热、氧化、锈蚀、渗漏、鼠咬、虫蛀、大气变化、正常水位变化或其他渐变原因造成的保险财产自身的损失和费用
E. 因原材料缺陷或工艺不善引起的保险财产本身的损失以及为换置、修理或矫正这些缺点错误所支付的费用
F. 非外力引起的机械或电气装置的本身损失【2021年、2022年考过】
G. 施工用机具、设备、机械装置失灵造成的本身损失
H. 维修保养或正常检修的费用
I. 档案、文件、账簿、票据、现金、各种有价证券、图表资料及包装物料的损失
J. 盘点时发现的短缺
K. 领有公共运输行驶执照的，或已由其他保险予以保障的车辆、船舶和飞机的损失
L. 无特殊约定，在保险工程开始以前已经存在或形成的位于工地范围内或其周围的属于被保险人的财产的损失
M. 无特殊约定，在本保险单保险期限终止以前，保险财产中已由工程所有人签发完工验收证书或验收合格或实际占有或使用或接收的部分
N. 因设计错误、铸造或原材料缺陷或工艺不善引起的保险财产本身的损失以及为换置、修理或矫正这些缺点错误所支付的费用
O. 由于超负荷、超电压、碰线、电弧、漏电、短路、大气放电及其他电气原因造成电气设备或电气用具本身的损失

【答案】A、B

1. 本考点还可以考核的题目有：

（1）建筑工程一切险的保险人不负责赔偿的费用和损失有（C、D、E、F、G、H、I、J、K、L、M）。

（2）安装工程一切险是承保安装机器、设备、储油罐、钢结构工程、起重机、吊车以及包含机械工程因素的各种建造工程的险种。安装工程一切险的保险责任范围有（A、B）。【2018年、2020年考过】

（3）安装工程一切险的保险人不负责赔偿的费用和损失有（D、H、I、J、K、L、M、N、O）。

2. A选项中的"自然事件"是指地震、海啸、雷电、飓风、台风、龙卷风、风暴、暴雨、洪水、水灾、冻灾、冰雹、地崩、山崩、雪崩、火山爆发、地面下陷下沉及其他人力不可抗拒的破坏力强大的自然现象。【2019年考过】

3. B选项中的"意外事故"包括火灾和爆炸。

4. 来思考一个问题：建筑工程一切险的投保人、被保险人分别是谁？相信看过下表后，就能够回答这一问题了。

建筑工程一切险的投保人与被保险人

投保人	被保险人
发包人	（1）业主或工程所有人。【2012年考过】 （2）承包商或者分包商。【2012年考过】 （3）技术顾问，包括业主聘用的建筑师、工程师及其他专业顾问

5. 再来看本考点的最后一个采分点——保险期限。建筑工程一切险及安装工程一切险的保险期限，见下表。

建筑工程一切险及安装工程一切险的保险期限

项目	起始日	终止日	注意事项
建筑工程一切险	自保险工程在工地动工或用于保险工程的材料、设备运抵工地之时起始【2016年、2021年考过】	工程所有人对部分或全部工程签发完工验收证书或验收合格，或工程所有人实际占用或使用或接收该部分或全部工程之时终止，以先发生者为准【2016年、2018年考过】	在任何情况下，保险期限的起始或终止不得超出保险单明细表中列明的保险生效日或终止日
安装工程一切险			如验收完毕先于保险单列明的终止日，则验收完毕时保险期也终止

1Z301090　建设工程税收制度

专项突破1　企业所得税

例题：企业所得税是对我国境内的企业和其他取得收入的组织的生产经营所得和其他所得征收的所得税。企业以货币形式和非货币形式从各种来源取得的收入，为收入总额。

下列收入总额中属于不征税收入的是（　　　　）。

    A．销售货物收入

    B．提供劳务收入

    C．转让财产收入

    D．股息、红利等权益性投资收益【2022年考过】

    E．利息收入【2020年考过】

    F．租金收入【2022年考过】

    G．特许权使用费收入【2022年考过】

    H．接受捐赠收入【2022年考过】

    I．依法收取并纳入财政管理的行政事业性收费

    J．财政拨款【2018年、2019年考过】

    K．依法收取并纳入财政管理的政府性基金【2019年考过】

【答案】I、J、K

重点难点专项突破

1．本考点还可以考核的题目有：

企业每一纳税年度的收入总额包括（A、B、C、D、E、F、G、H、I、J、K）。

2．除了上面两道题目涉及的采分点外，考生还应重点记忆企业所得税的纳税人范围：《企业所得税法》规定，在中华人民共和国境内，企业和其他取得收入的组织为企业所得税的纳税人，依照本法的规定缴纳企业所得税。个人独资企业、合伙企业不适用本法。【2018年考过】

专项突破2　个人所得税

例题：下列各项个人所得，应纳个人所得税的有（　　　　）。

    A．工资、薪金所得

    B．个体工商户的生产、经营所得

    C．对企事业单位的承包经营、承租经营所得

    D．劳务报酬所得

    E．稿酬所得【2021年考过】

    F．特许权使用费所得【2021年考过】

    G．利息、股息、红利所得

    H．财产租赁所得

    I．财产转让所得【2021年考过】

    J．偶然所得

    K．国债和国家发行的金融债券利息

    L．按照国家统一规定发给的补贴、津贴

    M．福利保险赔款费、抚恤金、救济金

N．军人的转业费、复员费、退役金

O．按照国家统一规定发给干部、职工的安家费、退职费、退休工资、离休工资、离休生活补助费

P．残疾、孤老人员和烈属的所得

【答案】A、B、C、D、E、F、G、H、I、J

重点难点专项突破

1．本考点还可以考核的题目有：

（1）下列各项个人所得，免纳个人所得税的有（K、L、M、N、O）。

（2）下列各项个人所得，经批准可以减征个人所得税的是（P）。

2．免征或减征个人所得税的情形是考生应重点记忆的内容。这一采分点除了会采用多项选择题的形式直接提问免征或减征个人所得税的情形有哪些外，还会采用下题的形式考查：

某施工企业技术员王某，2019年6月份的财产租赁所得为10000元，国债利息收入为3000元，股息所得为2000元，保险赔偿5000元。王某6月份的以上所得应当缴纳的个人所得税为（　　）元。【2019年真题】

A．3000   B．3400

C．2400   D．4000

【答案】C

【分析】根据《个人所得税法》的规定，国债和保险赔款免征个人所得税。因此王某应缴纳个人所得税的范围是10000＋2000＝12000元。而利息、财产租赁所得适用比例税率，税率为20%。因此王某应缴纳的个人所得税为12000×20%＝2400元。

3．除以上内容外考生还应知道纳税人应依法办理纳税申报的情形有哪些？

有下列情形之一的，纳税人应当依法办理纳税申报：

（1）取得综合所得需要办理汇算清缴；

（2）取得应税所得没有扣缴义务人；

（3）取得应税所得，扣缴义务人未扣缴税款；

（4）取得境外所得；

（5）因移居境外注销中国户籍；

（6）非居民个人在中国境内从两处以上取得工资、薪金所得；

（7）国务院规定的其他情形。【2020年考过】

专项突破3　企业所得税及个人所得税的税率

例题：《企业所得税法》规定，企业所得税的税率为（　　）。

A．20%   B．25%

C．3%～45%   D．5%～35%

【答案】B

专项突破 4　企业增值税

项目	内容
纳税人范围	在中华人民共和国境内销售货物或者加工、修理修配劳务，销售服务、无形资产、不动产以及进口货物的单位和个人
应纳税额的计算	（1）纳税人兼营不同税率的项目，应当分别核算不同税率项目的销售额，未分别核算销售额的，从高适用税率。【2018年、2020年考过】 （2）纳税人销售货物、劳务、服务、无形资产、不动产，应纳税额为当期销项税额抵扣当期进项税额后的余额。【2020年考过】 （3）当期销项税额小于当期进项税额不足抵扣时，其不足部分可以结转下期继续抵扣。【2018年、2020年考过】 （4）小规模纳税人发生应税销售行为，实行按照销售额和征收率计算应纳税额的简易办法，并不得抵扣进项税额。【2020年考过】 （5）纳税人进口货物，按照组成计税价格和《增值税暂行条例》规定的税率计算应纳税额。 （6）纳税人发生应税销售行为，应当向索取增值税专用发票的购买方开具增值税专用发票，并在增值税专用发票上分别注明销售额和销项税额
予从销项税额中抵扣的进项税额	（1）从销售方取得的增值税专用发票上注明的增值税额。【2021年考过】 （2）从海关取得的海关进口增值税专用缴款书上注明的增值税额。 （3）购进农产品，除取得增值税专用发票或者海关进口增值税专用缴款书外，按照农产品收购发票或者销售发票上注明的农产品买价和11%的扣除率计算的进项税额，国务院另有规定的除外。 （4）自境外单位或者个人购进劳务、服务、无形资产或者境内的不动产，从税务机关或者扣缴义务人取得的代扣代缴税款的完税凭证上注明的增值税额

专项突破5　城镇土地使用税、车辆购置税和契税

项目	内容
城镇土地使用税	（1）土地使用税以纳税人实际占用的土地面积为计税依据，依照规定税额计算征收。【2022年考过】 （2）经省、自治区、直辖市人民政府批准，经济落后地区土地使用税的适用税额标准可以适当降低，注意降低额不得超过规定最低税额的30%。【2022年考过】 （3）经济发达地区土地使用税的适用税额标准可以适当提高，但须报经财政部批准。【2022年考过】 （4）按年计算、分期缴纳【2022年考过】
车辆购置税	（1）车辆购置税实行一次性征收。 （2）车辆购置税的税率为10%
契税	（1）转移土地、房屋权属的行为： ① 土地使用权出让；【2022年考过】 ② 土地使用权转让，包括出售、赠与、互换；【2022年考过】 ③ 房屋买卖、赠与、互换。 （2）税率：3%～5%。 （3）免征：6类情形

重点难点专项突破

1. 上述涉及的税率应能够进行区分。

2. 本考点的考核形式举例如下：

（1）关于城镇土地使用税的说法，正确的是（　　　）。【2022年真题】

A. 以纳税人实际占用的土地面积为计税依据，依照规定税额计算征收

B. 经济发达地区的适用税额标准可以适当提高，但需报经国家税务总局批准

C. 城镇土地使用税按月计算，一次性缴纳

D. 市政街道、广场、绿化地带等公共用地的城镇土地使用税减半缴纳

【答案】A

（2）根据《契税法》，下列转移土地、房屋权属的行为中，应当缴纳契税的有（　　　）。【2022年真题】

A. 土地使用权转让

B. 土地使用权出让

C. 房屋买卖、赠与、互换

D. 以作价投资（入股），偿还债务等方式转移土地、房屋权属

E. 土地承包经营权和土地经营权的转移

【答案】A、B、C、D

1Z301100　建设工程法律责任制度

专项突破1　民事责任的承担方式

例题：《民法典》规定，承担民事责任的方式主要有（　　）。

A. 停止侵害【2015年、2018年考过】　　B. 排除妨碍【2015年考过】

C. 消除危险【2009年考过】　　D. 返还财产

E. 恢复原状【2009年考过】　　F. 修理、重作、更换【2015年考过】

G. 继续履行　　H. 赔偿损失

I. 支付违约金　　J. 消除影响、恢复名誉【2015年考过】

K. 赔礼道歉【2009年考过】

【答案】A、B、C、D、E、F、G、H、I、J、K

重点难点专项突破

1. 本考点还可以考核的题目有：

《民法典》规定，承担侵权责任的方式主要有（A、B、C、D、E、H、J、K）。

2. 注意：无论是民事责任的承担方式还是侵权责任的承担方式，均可以单独适用，也可以合并适用。【2017年考过】

专项突破2　行政责任的种类及承担方式

例题：下列责任承担方式中，属于行政处罚的是（　　）。【2022年真题题干】

A. 警告【2012年、2018年考过】　　B. 通报批评

C. 罚款【2011年、2014年考过】　　D. 没收违法所得

E. 没收非法财物　　F. 暂扣许可证件

G. 降低资质等级　　H. 吊销许可证件

I. 限制开展生产经营活动　　J. 责令停产停业【2022年考过】

K. 责令关闭　　L. 限制从业

M. 行政拘留【2012年考过】　　N. 记过【2018年考过】

O. 记大过【2022年考过】　　P. 降级【2018年、2020年考过】

Q．撤职【2018年考过】　　　　　　　　R．开除

【答案】A、B、C、D、E、F、G、H、I、L、K、L、M

专项突破3　刑事责任

例题：根据《刑法》，下列刑事责任中，属于主刑的有（　　　　）。

A．管制　　　　　　　　　　　　B．拘役【2021年考过】

C．有期徒刑　　　　　　　　　　D．无期徒刑

E．罚金【2013年考过】　　　　　F．死刑

G．剥夺政治权利【2020年考过】　H．没收财产【2020年考过】

I．驱逐出境

【答案】A、B、C、D、F

专项突破4 建设工程领域常见的刑事法律责任

例题：两家施工企业协商后同时参加一个项目的投标，给建设单位造成重大损失，则该两家施工企业直接责任人应承担的刑事责任是（   ）。

A．工程重大安全事故罪【2021年考过】

B．重大责任事故罪

C．重大劳动安全事故罪

D．串通投标罪

【答案】D

重点难点专项突破

1. 本考点还可以考核的题目有：

（1）某开发商在一大型商场项目的开发建设中，违反国家规定，擅自降低工程质量标准，因而造成重大安全事故。该事故责任主体应该承担的刑事责任是（A）。【2015年真题题干】

> 提问：如何认定为"造成重大安全事故"？
>
> 答：《最高人民法院、最高人民检察院关于办理危害生产安全刑事案件适用法律若干问题的解释》，发生安全事故，具有下列情形之一的，应当认定为"造成重大安全事故"，对直接责任人员，处5年以下有期徒刑或者拘役，并处罚金：
>
> ① 造成死亡1人以上，或者重伤3人以上的；
>
> ② 造成直接经济损失100万元以上的；
>
> ③ 其他造成严重后果或者重大安全事故的情形。

（2）项目经理强令作业人员违章冒险作业，因而发生重大伤亡事故或造成其他严重后果的，其行为构成（B）。

> 提问：如何认定为"强令他人违章冒险作业"？
>
> 答：根据《最高人民法院、最高人民检察院关于办理危害生产安全刑事案件适用法律若干问题的解释》，明知存在事故隐患、继续作业存在危险，仍然违反有关安全管理的规定，实施下列行为之一的，应当认定为刑法规定的"强令他人违章冒险作业"：
>
> ① 利用组织、指挥、管理职权，强制他人违章作业的；
>
> ② 采取威逼、胁迫、恐吓等手段，强制他人违章作业的；
>
> ③ 故意掩盖事故隐患，组织他人违章作业的；
>
> ④ 其他强令他人违章作业的行为。

（3）在施工过程中，某施工企业的安全生产条件不符合国家规定，造成5人重伤，2人死亡。该施工企业的行为构成（C）。

《刑法》规定，安全生产设施或者安全生产条件不符合国家规定，因而发生重大伤亡事故或者造成其他严重后果的，对直接负责的主管人员和其他直接责任人员，处3年以下有期徒刑或者拘役；情节特别恶劣的，处3年以上7年以下有期徒刑。

提问：如何认定为"发生重大伤亡事故或者造成其他严重后果"？

答：根据《最高人民法院、最高人民检察院关于办理危害生产安全刑事案件适用法律若干问题的解释》，发生安全事故，具有下列情形之一的，应当认定为"发生重大伤亡事故或者造成其他严重后果"：

① 造成死亡1人以上，或者重伤3人以上的；

② 造成直接经济损失100万元以上的；

③ 其他造成严重后果或者重大安全事故的情形。

2. 本考点重在通过理解判断某一行为构成何种罪名，而量刑从未进行过考查，因此了解即可。常见的刑事法律责任的认定标准见下表。

常见的刑事法律责任的认定标准

项目	内容
工程重大安全事故罪	四个单位（建设单位、设计单位、施工单位、监理单位）＋降低工程质量标准→造成重大安全事故
重大责任事故罪	违反安全管理规定→造成重大伤亡事故或其他严重后果
重大劳动安全事故罪	安全生产设施或条件不符合国家规定→发生重大伤亡事故或造成其他严重后果

1Z302000　施工许可法律制度

1Z302010　建设工程施工许可制度

专项突破1　施工许可证的适用范围

例题：不需要办理施工许可证的建筑工程有（　　　）。

A．工程投资额在30万元以下的建筑工程【2020年考过】

B．建筑面积在300平方米以下的建筑工程【2012年考过】

C．抢险救灾工程【2012年、2019年考过】

D．临时性房屋建筑工程【2019年、2020年考过】

E．农民自建低层住宅工程【2020年考过】

F．按照国务院规定的权限和程序批准开工报告的建筑工程【2012年、2019年考过】

G．城镇市政基础设施工程

【答案】A、B、C、D、E、F

重点难点专项突破

1. 本考点还可以考核的题目有：

根据《建筑法》及相关法规，建设单位应当办理施工许可证的工程是（G）。

2. A、B选项均属于限额以下的小型工程，牢记"30万元以下"以及"300平方米以下"。

3.《建筑法》规定，国务院建设行政主管部门确定的限额以下的小型工程，可以不申请办理施工许可证。

> 提问："限额"是固定不变的吗？
>
> 答：省、自治区、直辖市人民政府住房城乡建设主管部门可以根据当地的实际情况，对限额进行调整，并报国务院住房城乡建设主管部门备案。

专项突破2　施工许可证的申请主体和法定批准条件

序号	法定批准条件
1	依法应当办理用地批准手续的，已经办理该建筑工程用地批准手续【2011年、2014年考过】
2	依法应当办理建设工程规划许可证的，已经取得建设工程规划许可证【2010年、2011年、2014年、2022年考过】

序号	法定批准条件
3	施工场地已经基本具备施工条件，需要征收房屋的，其进度符合施工要求
4	已经确定施工企业【2011年、2013年、2019年、2022年考过】
5	有满足施工需要的资金安排、施工图纸及技术资料，建设单位应当提供建设资金已经落实承诺书，施工图设计文件已按规定审查合格【2013年、2022年考过】
6	有保证工程质量和安全的具体措施【2017年、2022年考过】

重点难点专项突破

1. 施工许可证法定批准条件中的"规划许可证"，包括建设用地规划许可证和建设工程规划许可证。下面分别讲述一下"双证"需要掌握的采分点。

（1）建设用地规划许可证。

建设项目类型	内容
以划拨方式提供国有土地使用权的建设项目	经有关部门批准、核准、备案后，建设单位应当向城市、县人民政府城乡规划主管部门提出建设用地规划许可申请，由城市、县人民政府城乡规划主管部门依据控制性详细规划核定建设用地的位置、面积、允许建设的范围，核发建设用地规划许可证。 建设单位在取得建设用地规划许可证后，方可向县级以上地方人民政府土地主管部门申请用地，经县级以上人民政府审批后，由土地主管部门划拨土地【2010年、2014年考过】
以出让方式取得国有土地使用权的建设项目	建设单位在取得建设项目的批准、核准、备案文件和签订国有土地使用权出让合同后，向城市、县人民政府城乡规划主管部门领取建设用地规划许可证【2013年考过】

（2）建设工程规划许可证。

在城市、镇规划区内进行建筑物、构筑物、道路、管线和其他工程建设的，建设单位或者个人应当向城市、县人民政府城乡规划主管部门或者省、自治区、直辖市人民政府确定的镇人民政府申请办理建设工程规划许可证。【2018年考过】

2. 关于"有保证工程质量和安全的具体措施"的知识点拓展：

"保证工程质量和安全的具体措施"包括：施工企业编制的施工组织设计中有根据建筑工程特点制定的相应质量、安全技术措施；建立工程质量安全责任制并落实到人；专业性较强的工程项目编制了专项质量、安全施工组织设计，并按照规定办理了工程质量、安全监督手续。【2020年考过】

3. 本考点的最后一个采分点是——施工许可证什么时间进行申领？由谁申领？

《建筑法》规定，建筑工程开工前，建设单位应当按照国家有关规定向工程所在地县级以上人民政府建设行政主管部门申请领取施工许可证。【2009年考过】

4. 已经确定施工企业的要求是：在建设工程开工前，建设单位必须依法通过招标或直接发包的方式确定承包该建设工程的施工企业，并签订建设工程承包合同，明确双方的责任、权利和义务。【2022年考过】

5. 本考点可能会这样命题：

（1）在申请领取施工许可证应当具备的条件中，关于施工图纸及技术资料的说法，正确的是（　　）。

A. 有施工方案设计即可

B. 有经审合格的施工图设计文件

C. 有初步设计图纸并通过初步设计审查

D. 有注册执业人员签章的施工图

【答案】B

（2）在城市规划区内以划拨方式提供国有土地使用权的建设工程，建设单位在办理用地批准手续前，必须先取得该工程的（　　）。

A. 施工许可证　　　　　　　　　　B. 建设工程规划许可证

C. 质量安全报建手续　　　　　　　D. 建设用地规划许可证

【答案】D

专项突破3　延期开工、核验和重新办理批准手续的规定

例题：建设工程应当自领取施工许可证之日起（　　）个月内开工。

A. 1　　　　　　　　　　　　　　B. 3

C. 6　　　　　　　　　　　　　　D. 12

【答案】B

重点难点专项突破

1. 本考点还可以考核的题目有：

（1）《建筑法》规定，建设单位因故不能按期开工的，应当向发证机关申请延期；延期以两次为限，每次不超过（B）个月。

> 提问：建设单位领取施工许可后，既不开工又不申请延期或者超过延期时限的，将会产生什么后果呢？
>
> 答：施工许可证自行废止。【2016年、2018年、2021年考过】

（2）根据《建筑法》，在建工程因故中止施工的，建设单位应当自中止施工之日起（A）个月内，向施工许可证颁发机关报告，并按照规定做好建筑工程的维护管理工作。【2013年、2022年考过】。

> 提问：建筑工程恢复施工时，应当怎么做呢？
>
> 答：建筑工程恢复施工时，应当向发证机关报告。

（3）《建筑法》规定，中止施工满（A）年的工程恢复施工前，建设单位应当报发证机关核验施工许可证。

（4）《建筑法》规定，按照国务院有关规定批准开工报告的建筑工程，因故不能按期开工或者中止施工的，应当及时向批准机关报告情况。因故不能按期开工超过（C）

个月的，应当重新办理开工报告的批准手续。

2. 在恢复施工时，经核验符合条件的，应允许恢复施工，施工许可证继续有效；经核验不符合条件的，应当收回其施工许可证，不允许恢复施工，由建设单位重新申领施工许可证。

3. D选项为考试时可能会出现的干扰选项。

4. 施工许可证申请延期、核验以及重新办理的规定，通过图解更容易理解。

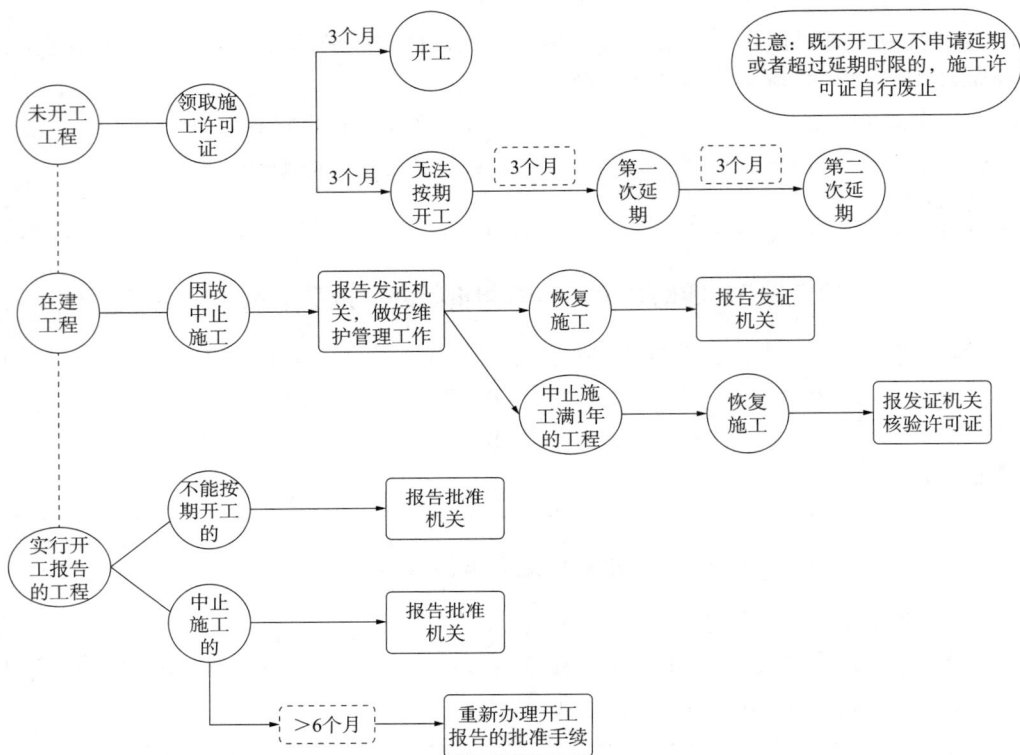

专项突破4　办理施工许可证或开工报告违法行为应承担的主要法律责任

例题： 根据《建筑工程施工许可管理办法》，对于未取得施工许可证擅自施工的，应承担的法律责任是（　　　）。【2014年考过】

A. 责令停止施工

B. 限期改正

C. 撤销施工许可证

D. 对建设单位处工程合同价款1%以上2%以下罚款

E. 对建设单位处1万元以上3万元以下罚款

F. 对施工单位处3万元以下罚款

【答案】A、B、D、F

1Z302020　施工企业从业资格制度

专项突破1　企业资质证书的申请、延续和变更

项目		内容
申请		建筑业企业可以申请一项或多项建筑业企业资质。【2019年考过】 企业首次申请或增项申请资质，应当申请最低等级资质【2019年考过】
延续		《建筑业企业资质管理规定》中规定，资质证书有效期为5年。建筑业企业资质证书有效期届满，企业继续从事建筑施工活动的，应当于资质证书有效期届满3个月前，向原资质许可机关提出延续申请。 　资质许可机关应当在建筑业企业资质证书有效期届满前做出是否准予延续的决定；逾期未做出决定的，视为准予延续【2016年、2019年考过】
变更	办理企业资质证书变更手续的程序	在资质证书有效期内，企业名称、地址、注册资本、法定代表人等发生变更的，应当在工商部门办理变更手续后1个月内办理资质证书变更手续。【2022年考过】 由国务院住房城乡建设主管部门颁发的建筑业企业资质证书的变更，企业应当向企业工商注册所在地省、自治区、直辖市人民政府住房城乡建设主管部门提出变更申请，省、自治区、直辖市人民政府住房城乡建设主管部门应当自受理申请之日起2日内将有关变更证明材料报国务院住房城乡建设主管部门，由国务院住房城乡建设主管部门在2日内办理变更手续。 前款规定以外的资质证书的变更，由企业工商注册所在地的省、自治区、直辖市人民政府住房城乡建设主管部门或者设区的市人民政府住房城乡建设主管部门依法另行规定。变更结果应当在资质证书变更后15日内，报国务院住房城乡建设主管部门备案【2016年考过】
	企业更换、遗失补办建筑业企业资质证书	企业需更换、遗失补办建筑业企业资质证书的，资质许可机关应当在2个工作日内办理完毕。 企业遗失建筑业企业资质证书的，在申请补办前应当在公众媒体上刊登遗失声明
	企业发生合并、分立、改制的资质办理	需承继原建筑业企业资质的，应当申请重新核定建筑业企业资质等级【2022年考过】

1. 补充一个建筑业企业资质的采分点：

《建筑业企业资质管理规定》规定，建筑业企业资质分为施工总承包资质、专业承包资质和施工劳务资质三个序列。【2011年、2021年考过】

2. 本考点可能会这样命题：

（1）根据《建筑业企业资质管理规定》，关于建筑业企业资质的说法，正确的是（　　）。

A. 在资质证书有效期内，企业地址发生变更的，资质证书无需办理变更手续

B. 企业发生重组需承继原企业资质的，应当申请重新核定企业资质等级

C. 企业发生合并的，可以直接承继原企业资质等级

D. 在资质证书有效期内，企业法定代表人发生变更的，应当在办理资质证书变更手续后办理工商变更手续

【答案】B

（2）关于建筑业企业资质证书使用与延续的说法，正确的是（　　）。

A. 企业资质情况可以通过扫描建筑企业资质证书复印件的二维码查询

B. 企业跨地区参加招标投标活动，应当提供建筑业企业资质证书原件

C. 建筑业企业资质证书有效期为3年

D. 延续申请应当于建筑企业资质证书有效期届满1个月前提出

【答案】A

（3）关于建筑业企业资质证书变更的说法，正确的是（　　）。

A. 建筑业企业资质证书遗失补办的，由申请人告知资质许可机关，由资质许可机关在官网发布信息

B. 企业在建筑业企业资质证书有效期内注册资本发生变更的，不必办理资质证书变更手续

C. 国务院住房城乡建设主管部门颁发的建筑业企业资证书的变更，企业应当直接向国务院住房城乡建设主管部门提出变更申请

D. 企业发生合并、分立、重组以及改制等事项时，可以直接继承原建筑业企业资质

【答案】A

专项突破2　不予批准企业资质升级申请和增项申请的情形

序号	不予批准企业资质升级申请和增项申请的情形
1	超越本企业资质等级或以其他企业的名义承揽工程，或允许其他企业或个人以本企业的名义承揽工程的
2	与建设单位或企业之间相互串通投标，或以行贿等不正当手段谋取中标的【2012年、2015年考过】
3	未取得施工许可证擅自施工的【2012年考过】
4	将承包的工程转包或违法分包的【2012年、2015年考过】
5	违反国家工程建设强制性标准施工的
6	恶意拖欠分包企业工程款或者劳务人员工资的【2012年、2015年考过】
7	隐瞒或谎报、拖延报告工程质量安全事故，破坏事故现场、阻碍对事故调查的

序号	不予批准企业资质升级申请和增项申请的情形
8	按照国家法律、法规和标准规定需要持证上岗的现场管理人员和技术工种的作业人员未取得证书上岗，情节严重的
9	未依法履行工程质量保修义务或拖延履行保修义务，造成严重后果的
10	伪造、变造、倒卖、出租、出借或者以非法转让建筑业企业资质证书的【2015年考过】
11	发生过较大以上质量安全事故或者发生过两起以上一般质量安全事故的
12	其他违反法律、法规的行为

重点难点专项突破

1. 这一采分点通常会以多项选择题的形式进行考查。

2. 考生除了要掌握不予批准企业资质升级申请和增项申请的情形外还应知道以上各情形的发生时间是：申请之日起前1年至资质许可决定作出前。

3. 本考点可能会这样命题：

建筑业企业申请资质升级、资质增项，在申请之日起的前1年内出现下列情形，资质许可机关对其申请不予批准的有（　　　）。

A. 违反国家工程建设强制性标准施工的

B. 将承包的工程转包或违法分包的

C. 恶意拖欠分包企业工程款的

D. 未依法履行工程质量保修义务的

E. 发生过一起一般质量安全事故的

【答案】A、B、C

专项突破3　企业资质证书的撤回、撤销和注销

例题：根据《建筑业企业资质管理规定》，资质许可机关应当撤销建筑业企业资质的情形有（　　　）。

A. 取得建筑业企业资质证书的企业，不再符合资质标准要求条件，且整改后仍未达到要求的

B. 资质许可机关工作人员滥用职权、玩忽职守准予资质许可的

C. 超越法定职权准予资质许可的【2011年考过】

D. 违反法定程序准予资质许可的【2017年考过】

E. 对不符合资质标准条件的申请企业准予资质许可的

F. 以欺骗、贿赂等不正当手段取得资质许可的

G. 资质证书有效期届满，未依法申请延续的

H. 企业依法终止的

I. 企业提出注销申请的

【答案】B、C、D、E、F

1. 本考点还可以考核的题目有：

（1）根据《建筑业企业资质管理规定》，资质许可机关可以撤回建筑业企业资质证书的情形有（A）。

（2）根据《建筑业企业资质管理规定》，资质许可机关应当依法注销建筑业企业资质，并向社会公布其建筑业企业资质证书作废，企业应当及时将建筑业企业资质证书交回资质许可机关的情形有（G、H、I）。

2. 建筑业企业资质证书撤销与注销的情形要注意区分，考试时可能会互为干扰项。

专项突破4　外商投资建筑业企业的规定

项目	内容
准入	有关主管部门应当按照与内资一致的条件和程序，审核外国投资者的许可申请，法律、行政法规另有规定的除外【2022年考过】
组织形式	外商投资企业的组织形式、组织机构及其活动准则，适用《公司法》《合伙企业法》等法律的规定【2022年考过】
依法经营和信息报告制度	开展生产经营活动，应当遵守法律、行政法规有关劳动保护、社会保险的规定，依照法律、行政法规和国家有关规定办理税收、会计、外汇等事宜，并接受相关主管部门依法实施的监督检查。【2022年考过】 外国投资者或者外商投资企业应当通过企业登记系统以及企业信用信息公示系统向商务主管部门报送投资信息【2022年考过】

1. 还需要注意一点经营者集中审查。外国投资者并购中国境内企业或者以其他方式参与经营者集中的，应当依照《中华人民共和国反垄断法》的规定接受经营者集中审查。【2022年考过】

2. 本考点的考核形式举例如下：

根据《外商投资法》，关于外商投资建筑业企业的说法，正确的有（　　　）。【2022年真题】

A. 对外商投资建筑业企业的准入，应当按照与内资一致的条件和程序，审核外国投资者的许可申请，法律、行政法规另有规定的除外

B. 外商投资建筑业企业应当依法经营，并接受相关主管部门依法实施的监督检查

C. 外国投资者并购中国境内企业或者以其他方式参与经营者集中的，应当依照《反垄断法》的规定接受经营者集中审查

D. 外商投资建筑业企业的组织形式、组织机构等，不适用《中华人民共和国公司法》

E. 外国投资者或者外商投资建筑业企业应当通过企业登记系统以及企业登记系统以及信用信息公示系统向商务主管部门报送投资信息

【答案】A、B、C、E

专项突破5 禁止无资质承揽工程、越级承揽工程、以他企业或他企业以本企业名义承揽工程的规定

项目	内容
禁止无资质承揽工程	《建筑法》规定，承包建筑工程的单位应当持有依法取得的资质证书，并在其资质等级许可的业务范围内承揽工程。【2010年考过】 《房屋建筑和市政基础设施工程施工分包管理办法》规定，分包工程承包人必须具有相应的资质，并在其资质等级许可的范围内承揽业务。严禁个人承揽分包工程业务
禁止越级承揽工程	《建筑法》和《建设工程质量管理条例》均规定，禁止施工单位超越本单位资质等级许可的业务范围承揽工程。 《建筑法》规定，两个以上不同资质等级的单位实行联合共同承包的，应当按照资质等级低的单位的业务许可范围承揽工程
禁止以他企业或他企业以本企业名义承揽工程	《建筑法》规定，禁止建筑施工企业超越本企业资质等级许可的业务范围或者以任何形式用其他建筑施工企业的名义承揽工程。禁止建筑施工企业以任何形式允许其他单位或者个人使用本企业的资质证书、营业执照，以本企业的名义承揽工程。【2012年、2013年考过】 《房屋建筑和市政基础设施工程施工分包管理办法》规定，分包工程发包人没有将其承包的工程进行分包，在施工现场所设项目管理机构的项目负责人、技术负责人、项目核算负责人、质量管理人员、安全管理人员不是工程承包人本单位人员的，视同允许他人以本企业名义承揽工程

重点难点专项突破

1. 本考点还可能会考查以下内容：

（1）《最高人民法院关于审理建设工程施工合同纠纷案件适用法律问题的解释（一）》第43条规定，实际施工人以转包人、违法分包人为被告起诉的，人民法院应当依法受理。实际施工人以发包人为被告主张权利的，人民法院应当追加转包人或者违法分包人为本案第三人，在查明发包人欠付转包人或者违法分包人建设工程价款的数额后，判决发包人在欠付建设工程价款范围内对实际施工人承担责任。【2013年、2016年、2021年考过】

（2）《房屋建筑和市政基础设施工程施工分包管理办法》规定，分包工程发包人没有将其承包的工程进行分包，在施工现场所设项目管理机构的项目负责人、技术负责人、项目核算负责人、质量管理人员、安全管理人员不是工程承包人本单位人员的，视同允许他人以本企业名义承揽工程。

2. 本考点可能会这样命题：

（1）下列承揽工程的情形中，符合工程承包管理相关规定的是（   ）。

A. 超越本企业资质等级许可的业务范围承揽工程

B. 以联营方式使用其他施工企业的营业执照及资质证书承揽工程

C. 分公司使用总公司的营业执照及资质证书承揽工程

D. 子公司使用母公司的营业执照及资质证书承揽工程

【答案】C

（2）某工程由甲施工企业承包，施工现场检查发现项目部的项目经理、技术负责人、质量管理人员和安全管理人员都是乙施工企业职工，则甲的行为视同（　　）。

A. 允许他人使用本企业名义承揽工程

B. 违法分包

C. 与他人联合承揽

D. 使用其他企业名义承揽工程

【答案】A

1Z302030　建造师注册执业制度

专项突破1　初始注册和延续注册

例题：一级注册建造师注册证书有效期为（　　　）年。

A. 3【2013年考过】　　　　　　　　B. 30

C. 10　　　　　　　　　　　　　　　D. 15

【答案】A

重点难点专项突破

1. 本考点还可以考核的题目有：

（1）初始注册者，可自资格证书签发之日起（A）年内提出申请。

> 提问：如果某初始注册者逾期提出申请，将如何处理呢？
>
> 答：逾期申请者，须符合本专业继续教育的要求后方可申请初始注册。

（2）建造师注册证书有效期满需继续执业的，应当在注册有效期届满（B）日前，按照规定申请延续注册。

（3）建造师延续注册的，注册证书的有效期为（A）年。

2. C、D选项为考试时可能会出现的干扰选项。

3. 除了以上采分点外考生还应知道申请初始注册应具备哪些条件？

申请初始注册时应当具备以下条件：

（1）经考核认定或考试合格取得资格证书；

（2）受聘于一个相关单位；

（3）达到继续教育要求；

（4）没有《注册建造师管理规定》中规定不予注册的情形。

> 助记口诀
>
> 记（继）住（注）书单。

专项突破2　不予注册和注册证书、执业印章失效及注销的情形

例题：根据《注册建造师管理规定》，注册机关对申请注册建造师的申请人不予注册的情形有（　　　）。

A. 不具有完全民事行为能力的【2015年考过】

B. 申请在两个或者两个以上单位注册的【2009年、2015年、2019年考过】

C. 未达到注册建造师继续教育要求的

D. 受到刑事处罚，刑事处罚尚未执行完毕的

E. 因执业活动受到刑事处罚，自刑事处罚执行完毕之日起至申请注册之日止不满5年的【2009年考过】

F. 因执业活动以外的原因受到刑事处罚，自处罚决定之日起至申请注册之日止不满3年的

G. 被吊销注册证书，自处罚决定之日起至申请注册之日止不满2年的【2011年考过】

H. 在申请注册之日前3年内担任项目经理期间，所负责项目发生过重大质量和安全事故的【2021年考过】

I. 申请人的聘用单位不符合注册单位要求的

J. 年龄超过65周岁的【2021年考过】

K. 聘用单位破产的

L. 聘用单位被吊销营业执照的

M. 聘用单位被吊销或者撤回资质证书的

N. 已与聘用单位解除聘用合同关系的

O. 注册有效期满且未延续注册的

P. 死亡的

Q. 依法被撤销注册的

【答案】A、B、C、D、E、F、G、H、I、J

重点难点专项突破

1. 本考点还可以考核的题目有：

（1）注册建造师的注册证书和执业印章失效的情形有（A、J、K、L、M、N、O、P）。

（2）注册建造师有（A、J、K、L、M、N、O、P、Q）情形之一的，由注册机关办理注销手续，收回注册证书和执业印章或者公告其注册证书和执业印章作废。

2. E、F、G、H、J选项中的数字部分需要重点记忆，可能会以单项选择题的形式进行考查。

3. 本考点除了会像上述题目一样采用多项选择题的形式直接提问外，还会将具体知识代入具体实例中，例如：

有5位先生通过了建造师执业资格考试，目前打算申请注册。下列情形中不予注册的有（　　　）。【2009年真题题干】

A. 李先生3年前担任工长时，由于偷工减料导致了安全生产事故而受到刑事处罚

B. 赵先生就职于工商行政主管部门，希望能利用业余时间从事施工管理工作

C. 王先生由于业务水平高，同时受聘于两家施工企业，申请在这两个单位分别注册

D. 周先生拖欠农民工工资

E. 张先生由于在今年的施工过程中擅自修改图纸而受到了处分

【答案】A、B、C

【分析】很多考生只要看到这种"故事类"的题目就头疼，其实这完全没有必要，这些题目也是对教材上基础知识的考查，只不过是换了个形式。在看到这类题目的时候首先要抓住题干中的关键字确定这道题考查的是什么知识点，然后将其代入具体知识点，这时就变成教材上大家所熟悉的基础知识点的考查了。

专项突破3 一级建造师的执业

例题：根据《注册建造师执业管理办法（试行）》，注册建造师可以同时担任两个项目的项目负责人的情形有（   ）。

A. 同一工程相邻分段发包或分期施工的【2018年考过】

B. 合同约定的工程验收合格的【2016年、2018年考过】

C. 因非承包方原因致使工程项目停工超过120天（含），经建设单位同意的【2018年考过】

D. 发包方与注册建造师受聘企业已解除承包合同的【2014年、2022年考过】

E. 发包方同意更换项目负责人的【2017年、2022年考过】

F. 因不可抗力等特殊情况必须更换项目负责人的【2022年考过】

【答案】A、B、C

重点难点专项突破

1. 本考点还可以考核的题目有：

担任施工项目负责人的注册建造师，在所负责的工程项目竣工验收手续办结前，不得变更注册到另一施工企业，除非（D、E、F）。

2. C选项需要关注三个重要采分点：

（1）非承包方原因；

（2）工程项目停工超过120天（含）；

（3）经建设单位同意。【2011年考过】

3. 本考点还需要掌握以下采分点：

（1）建造师可以受聘在施工单位从事施工活动的管理工作，也可以在勘察、设计、监理、招标代理、造价咨询等单位或具有多项上述资质的单位执业。【2018年考过】

（2）一级建造师可以担任特级、一级建筑业企业资质的建设工程项目施工的项目经理。

（3）一级注册建造师可担任大、中、小型工程施工项目负责人。【2020年考过】

专项突破 4　建造师的基本权利和义务

例题： 根据《注册建造师管理规定》，注册建造师应履行的义务包括（　　）。

A. 使用注册建造师名称

B. 在规定范围内从事执业活动

C. 在本人执业活动中形成的文件上签字并加盖执业印章【2013年考过】

D. 保管和使用本人注册证书、执业印章【2013年考过】

E. 对本人执业活动进行解释和辩护

F. 接受继续教育【2013年考过】

G. 获得相应的劳动报酬【2013年考过】

H. 对侵犯本人权利的行为进行申述

I. 遵守法律、法规和有关管理规定，恪守职业道德

J. 执行技术标准、规范和规程

K. 保证执业成果的质量，并承担相应责任

L. 努力提高执业水准

M. 保守在执业中知悉的国家秘密和他人的商业、技术等秘密

N. 与当事人有利害关系的，应当主动回避

O. 协助注册管理机关完成相关工作

【答案】 F、I、J、K、L、M、N、O

重点难点专项突破

1. 本考点还可以考核的题目有：

根据《注册建造师管理规定》，注册建造师依法享有的权利包括（A、B、C、D、E、F、G、H）。

2. 牢记：在建造师的权利与义务中，"接受继续教育"既是权利也是义务。

3. 关于建造师的基本权利还应掌握下述细节性的要点：

（1）分包工程施工管理文件应当由分包企业注册建造师签章。分包企业签署质量合格的文件上，必须由担任总包项目负责人的注册建造师签章。【2022年考过】

（2）修改注册建造师签字并加盖执业印章的工程施工管理文件，应当征得所在企业同意后，由注册建造师本人进行修改；注册建造师本人不能进行修改的，应当由企业指定同等资格条件的注册建造师修改，并由其签字并加盖执业印章。【2022年考过】

4. 关于注册建造师"挂证"违法违规行为的相关内容在2020年的考试中考核3分，鉴于这一情况，考生还应牢记以下内容：

（1）"挂证"违法违规行为包括：持证人注册单位与实际工作单位不符；买卖租借（专业）资格（注册）证书；提供虚假就业信息、以职业介绍为名提供"挂证"信息服务。【2020年考过】

（2）不认定为"挂证"行为的情形：达到法定退休年龄正式退休和依法提前退休的；因事业单位改制等原因保留事业单位身份，实际工作单位为所在事业单位下属企业，

社会保险由该事业单位缴纳的；属于大专院校所属勘察设计、工程监理、工程造价单位聘请的本校在职教师或科研人员，社会保险由所在院校缴纳的；属于军队自主择业人员的；因企业改制、征地拆迁等买断社会保险的；有法律法规、国家政策依据的其他情形。【2020年、2021年考过】

专项突破5　建造师及建造师工作中违法行为应承担的主要法律责任

例题：施工企业为建造师提供虚假申报材料申请注册的，可能承担的行政责任是（　　）。【2017年真题题干】

A．责令限期改正【2017年考过】　　　　B．1年内不得再次申请注册
C．责令停止执业1年　　　　　　　　　　D．吊销执业资格证书
E．5年以内不予注册　　　　　　　　　　F．终身不予注册【2013年考过】
【答案】A

重点难点专项突破

1. 本考点还可以考核的题目有：

（1）《注册建造师管理规定》规定，申请人隐瞒有关情况或者提供虚假材料申请注册的，住房城乡建设主管部门不予受理或者不予注册，并给予警告，（B）。

（2）《注册建造师管理规定》规定，注册建造师或者其聘用单位未按照要求提供注册建造师信用档案信息的，由县级以上地方人民政府建设主管部门或其他有关部门（A）。

（3）《建设工程质量管理条例》规定，注册建筑师、注册结构工程师、监理工程师等注册执业人员因过错造成质量事故的，（C）。

（4）《建设工程质量管理条例》规定，注册建筑师、注册结构工程师、监理工程师等注册执业人员因过错造成重大质量事故的，（D、E）。

（5）根据《建设工程质量管理条例》，注册建造师因过错造成重大质量事故，情节特别恶劣的，其将受到的行政处罚为（F）。【2013年真题题干】

2. 关于法律责任，重点记忆承担方式，这是历年的考查重点。

1Z303000　建设工程发承包法律制度

1Z303010　建设工程招标投标制度

专项突破1　建设工程法定招标的范围

例题：根据《招标投标法》及《必须招标的工程项目规定》，下列项目属于必须进行招标的有（　　　）。

A. 大型基础设施、公用事业等关系社会公共利益、公众安全的项目【2022年考过】

B. 使用财政预算资金200万元人民币以上，且该资金占投资额10%以上的项目

C. 使用国有企业事业单位资金，并且该资金占控股或者主导地位的项目【2022年考过】

D. 使用世界银行、亚洲开发银行等国际组织贷款、援助资金的项目【2022年考过】

E. 使用外国政府及其机构贷款、援助资金的项目

F. 涉及国家安全、国家秘密的项目

G. 涉及抢险救灾或者属于利用扶贫资金实行以工代赈、需要使用农民工等特殊情况的项目【2015年考过】

H. 需要采用不可替代的专利或者专有技术的项目

I. 采购人依法能够自行建设、生产或者提供的项目

J. 已通过招标方式选定的特许经营项目投资人依法能够自行建设、生产或者提供的项目

K. 需要向原中标人采购工程、货物或者服务，否则将影响施工或者功能配套要求的项目

【答案】A、B、C、D、E

重点难点专项突破

1. 本考点还可以考核的题目有：

（1）《必须招标的工程项目规定》规定，全部或者部分使用国有资金投资或者国家融资的项目包括（B、C）。

（2）《必须招标的工程项目规定》规定，使用国际组织或者外国政府贷款、援助资金的项目包括（D、E）。

（3）《招标投标法》规定，按照国家有关规定可以不进行招标的项目有（F、G）。

（4）《招标投标法实施条例》规定，除《招标投标法》规定可以不进行招标的特殊情况外，可以不进行招标的项目有（H、I、J、K）。

2.《必须招标的工程项目规定》范围内的项目，其勘察、设计、施工、监理以及与工程建设有关的重要设备、材料等的采购达到下列标准之一的，必须招标：

（1）施工单项合同估算价在400万元人民币以上；

（2）重要设备、材料等货物的采购，单项合同估算价在200万元人民币以上；

（3）勘察、设计、监理等服务的采购，单项合同估算价在100万元人民币以上。

同一项目中可以合并进行的勘察、设计、施工、监理以及与工程建设有关的重要设备、材料等的采购，合同估算价合计达到以上规定标准的，必须招标。

助记口诀

施工400、货采200、服采100（三个数字的关系是：一半又一半）。

专项突破2　建设工程招标方式

项目		内容
公开招标		以招标公告的方式邀请不特定的法人或者其他组织投标
邀请招标	方式	以投标邀请书的方式邀请特定的法人或者其他组织投标【2022年考过】
	不适宜公开招标	国务院发展计划部门确定的国家重点项目和省、自治区、直辖市人民政府确定的地方重点项目不适宜公开招标的，经国务院发展计划部门或者省、自治区、直辖市人民政府批准，可以进行邀请招标【2022年考过】
	特殊情形	国有资金占控股或者主导地位的依法必须进行招标的项目，应当公开招标；但有下列情形之一的，可以邀请招标： （1）技术复杂、有特殊要求或者受自然环境限制，只有少量潜在投标人可供选择；【2020年考过】 （2）采用公开招标方式的费用占项目合同金额的比例过大【2020年考过】

重点难点专项突破

1. 《中华人民共和国招标投标法》规定，招标分为公开招标和邀请招标。

2. 注意区分公开招标和邀请招标的不同在于：邀请的对象是否特定。

3. 数量要求：招标人采用邀请招标方式的，应当向3个以上具备承担招标项目的能力、资信良好的特定的法人或者其他组织发出投标邀请书。

4. 禁止事项：

（1）不得以支解发包、化整为零、招小送大、设定不合理的暂估价或者通过虚构涉密项目、应急项目等形式规避招标；

（2）不得以战略合作、招商引资等理由搞"明招暗定""先建后招"的虚假招标；

（3）不得通过集体决策、会议纪要、函复意见、备忘录等方式将依法必须招标项目转为采用谈判、询比、竞价或者直接采购等非招标方式。

5. 对技术复杂或者无法精确拟定技术规格的项目，招标人可以分两阶段进行招标。

专项突破3　招标文件的编制

例题： 依法必须进行招标的项目，自招标文件开始发出之日起至投标人提交投标文件

截止之日止，最短不得少于（　　）日。【2020年真题题干】

A. 15 　　　　　　　　　　　　　B. 20【2020年考过】

C. 3 　　　　　　　　　　　　　 D. 10

【答案】B

重点难点专项突破

1. 本考点还可以考核的题目有：

（1）《招标投标法》规定，招标人对已发出的招标文件进行必要的澄清或者修改的，应当在招标文件要求提交投标文件截止时间至少（A）日前，以书面形式通知所有招标文件收受人。

> 注意：澄清或者修改的内容为招标文件的组成部分。

（2）《招标投标法实施条例》规定，招标人可以对已发出的资格预审文件或者招标文件进行必要的澄清或者修改。澄清或者修改的内容可能影响资格预审申请文件或者投标文件编制的，招标人应当在提交资格预审申请文件截止时间至少（C）日前，以书面形式通知所有获取资格预审文件或者招标文件的潜在投标人。

（3）《招标投标法实施条例》规定，招标人可以对已发出的资格预审文件或者招标文件进行必要的澄清或者修改。澄清或者修改的内容可能影响资格预审申请文件或者投标文件编制的，招标人应当在投标截止时间至少（A）日前，以书面形式通知所有获取资格预审文件或者招标文件的潜在投标人。

（4）《招标投标法实施条例》规定，潜在投标人或者其他利害关系人对招标文件有异议的，应当在投标截止时间（D）日前提出。

> 注意：招标人应当自收到异议之日起3日内作出答复；作出答复前，应当暂停招标投标活动。【2021年考过】

2. 招标文件不得要求或者标明特定的生产供应者以及含有倾向或者排斥潜在投标人的其他内容。

3.《招标投标实施条例》规定，招标人应当在招标文件中载明投标有效期。投标有效期从提交投标文件的截止之日起算。【2012年、2016年考过】

专项突破4　标底与投标限价

项目		内容
标底		（1）招标人可以自行决定是否编制标底。【2021年考过】 （2）一个招标项目只能有一个标底。【2021年考过】 （3）标底必须保密。 （4）接受委托编制标底的中介机构不得参加受托编制标底项目的投标，也不得为该项目的投标人编制投标文件或者提供咨询【2021年考过】
投标限价	最高投标限价	招标人设有最高投标限价的，应当在招标文件中明确最高投标限价或者最高投标限价的计算方法
	最低投标限价	招标人不得规定最低投标限价【2021年考过】

1. 本考点难度不大，记住关键点即可得分。
2. 本考点可能会这样命题：
（1）关于标底的说法，正确的是（　　）。
A. 招标人可以自行决定是否编制标底
B. 招标人可以根据实际情况确定招标项目标底的数量
C. 国有资金投资的建筑工程招标的，应当设有招标标底
D. 在保密的前提下，接受招标人委托编制标底的中介机构可以为该项目的投标人提供咨询
【答案】A
（2）关于招标价格的说法，正确的是（　　）。
A. 招标时可以设定最低投标限价　　B. 招标时可以设定最高投标限价
C. 招标时应当编制标底　　　　　　D. 招标的项目应当采用工程量清单计价
【答案】B

专项突破5　开标

项目	内容
开标时间	在招标文件确定的提交投标文件截止时间的同一时间公开进行【2020年考过】
开标地点	为招标文件中预先确定的地点【2019年、2020年考过】
主持人	由招标人主持，邀请所有投标人参加【2014年、2020年考过】
查密封	由投标人或者其推选的代表检查投标文件的密封情况，也可以由招标人委托的公证机构检查并公证
拆封与唱标	经确认无误后，由工作人员当众拆封，宣读投标人名称、投标价格和投标文件的其他主要内容。 招标人在招标文件要求提交投标文件的截止时间前收到的所有投标文件，开标时都应当当众予以拆封、宣读
记录与存档	开标过程应当记录，并存档备查
重新招标	招标人应当按照招标文件规定的时间、地点开标。投标人少于3个的，不得开标；招标人应当重新招标【2020年考过】
异议提出	投标人对开标有异议的，应当在开标现场提出，招标人应当当场作出答复，并制作记录

1. 如果单独对开标时间进行考查的话，可能会将"在招标文件确定的提交投标文件截止时间之后公开进行"设置为干扰项。
2. 如果单独对开标地点进行考查的话，可能会将"开标地点应由各投标人协商决定"设置为干扰项。
3. 投标文件的密封情况，可以由投标人或其推选的代表检查也可由招标人委托的公证机构检查。如果对这一采分点进行考核的话，可能会将行政监督部门设置为混淆项。

4. 本考点可能会这样命题：

（1）关于开标的说法，正确的是（　　　）。

A. 开标应当在招标文件确定的提交投标文件截止时间之后公开进行

B. 开标地点不必为招标文件中预先确定的地点

C. 开标由招标人以外的人主持，邀请所有投标人参加

D. 开标过程应当记录，并存档备查

【答案】D

（2）根据《招标投标法》规定，在工程建设招标投标过程中，开标的时间应在招标文件规定的（　　　）公开进行。

A. 任意时间　　　　　　　　　　B. 投标有效期内

C. 提交投标文件截止时间的同一时间　D. 提交投标文件截止时间之后3日内

【答案】C

专项突破6　评标及评标委员会

项目	内容
评标	由招标人依法组建的评标委员会负责【2022年考过】
人员组成	由招标人的代表和有关技术、经济等方面的专家组成，成员人数为5人以上单数，其中技术、经济等方面的专家不得少于成员总数的2/3。 与投标人有利害关系的人不得进入相关项目的评标委员会；已经进入的应当更换
名单保密	评标委员会成员的名单在中标结果确定前应当保密
人员行为规范	评标委员会成员不得私下接触投标人，不得收受投标人给予的财物或者其他好处，不得向招标人征询确定中标人的意向，不得接受任何单位或者个人明示或者暗示提出的倾向或者排斥特定投标人的要求，不得有其他不客观、不公正履行职务的行为
工作内容及职责	评标委员会可以要求投标人对投标文件中含义不明确的内容作必要的澄清或说明。【2014年、2015年考过】 评标委员会应当按照招标文件确定的评标标准和方法，对投标文件进行评审和比较；设有标底的，应当参考标底。评标委员会完成评标后，应当向招标人提出书面评标报告，并推荐合格的中标候选人。【2022年考过】 评标委员会经评审，认为所有投标都不符合招标文件要求的，可以否决所有投标。【2015年、2016年、2021年考过】 评标委员会不得暗示或者诱导投标人作出澄清、说明，不得接受投标人主动提出的澄清、说明
报告及名单提交	评标完成后，评标委员会应当向招标人提交书面评标报告和中标候选人名单。中标候选人应当不超过3个，并标明排序。评标报告应当由评标委员会全体成员签字

重点难点专项突破

1. 注意：招标人应当采取必要的措施，保证评标在严格保密的情况下进行。

2. 除了以上知识点外，关于评标委员会还需要掌握评标委员会否决投标的情形都有哪些。

《招标投标法实施条例》规定，有下列情形之一的，评标委员会应当否决其投标：

（1）投标文件未经投标单位盖章和单位负责人签字；【2017年考过】

（2）投标联合体没有提交共同投标协议；

（3）投标人不符合国家或者招标文件规定的资格条件；

（4）同一投标人提交两个以上不同的投标文件或者投标报价，但招标文件要求提交备选投标的除外；

（5）投标报价低于成本或者高于招标文件设定的最高投标限价；

（6）投标文件没有对招标文件的实质性要求和条件作出响应；

（7）投标人有串通投标、弄虚作假、行贿等违法行为。

3. 本考点可能会这样命题：

（1）下列评标委员会成员的行为，合法的是（　　　）。

A. 向招标人征询确定招标人的意向　　　　B. 接受投标人主动提出的澄清

C. 对投标提出否决意见　　　　　　　　　D. 接受个人所提出的倾向性意见

【答案】C

（2）关于评标的说法，正确的是（　　　）。

A. 招标人可以不向评标委员会提供评标所必需的信息

B. 投标文件未经投标单位盖章和单位负责人签字，评标委员会不应当直接否决其投标

C. 投标报价低于成本或者高于招标文件设定的最高投标限价时，评标委员会应当否决其投标

D. 评标过程中，评标委员会成员不能继续评标被更换后，由更换后的评标委员会成员继续进行评审

【答案】C

（3）下列投标人投标的情形中，评标委员会应当否决的有（　　　）。

A. 投标人主动提出了对投标文件的澄清、修改

B. 联合体未提交共同投标协议

C. 投标报价高于招标文件设定的最高投标限价

D. 投标文件未经投标人盖章和单位负责人签字

E. 投标文件未对招标文件的实质性要求和条件作出响应

【答案】B、C、D、E

专项突破7　中标和签订合同

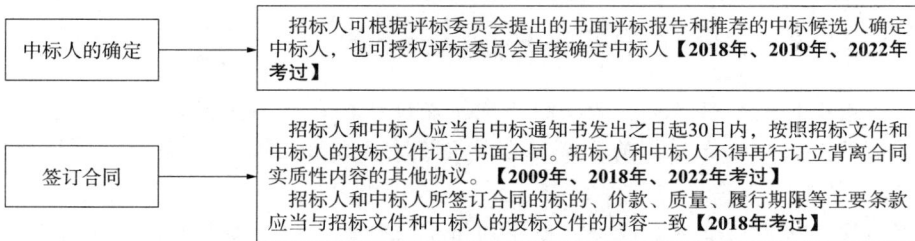

中标人的确定	→	招标人可根据评标委员会提出的书面评标报告和推荐的中标候选人确定中标人，也可授权评标委员会直接确定中标人【2018年、2019年、2022年考过】
签订合同	→	招标人和中标人应当自中标通知书发出之日起30日内，按照招标文件和中标人的投标文件订立书面合同。招标人和中标人不得再行订立背离合同实质性内容的其他协议。【2009年、2018年、2022年考过】 招标人和中标人所签订合同的标的、价款、质量、履行期限等主要条款应当与招标文件和中标人的投标文件的内容一致【2018年考过】

1. 牢记可以确定中标人的主体都有哪些。

招标人和中标人订立书面合同的时间，可能会单独考查一道单项选择题，例如：

某项目2008年3月1日确定了中标人，2008年3月8日发出了中标通知书，2008年3月12日中标人收到了中标通知书，则签订合同的日期应该不迟于（　　　）。【2009年真题】

A. 2008年3月16日　　　　　　　B. 2008年3月31日

C. 2008年4月7日　　　　　　　　D. 2008年4月11日

【答案】C

2. 本考点可能会这样命题：

根据《招标投标法》，可以确定中标人的主体是（　　　）。

A. 经招标人授权的招标代理机构　　B. 经招标人授权的评标委员会

C. 建设行政主管部门　　　　　　　D. 招标投标有形市场

【答案】B

3. 签订合同的关键点：30日；不得再行订立背离合同实质性内容的其他协议。考核形式举例如下：

关于中标和签订合同的说法，正确的是（　　　）。【2018年真题】

A. 确定中标人的权利属于招标人

B. 招标人应当授权评标委员会直接确定中标人

C. 招标人与中标人签订合同的标的、价款、质量等主要条款应当与招标文件一致，但履行期限可以另行协商确定

D. 中标人应当自中标通知书送达之日起30日内，按照招标文件与投标人订立书面合同

【答案】A

4. 注意：除交易平台暂不具备条件等特殊情形外，依法必须招标项目应当实行全流程电子化交易。

专项突破8　投标人

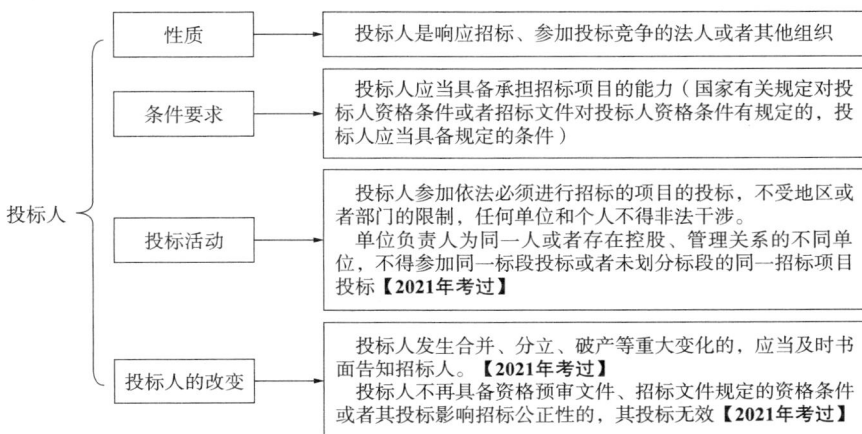

投标人	性质	投标人是响应招标、参加投标竞争的法人或者其他组织
	条件要求	投标人应当具备承担招标项目的能力（国家有关规定对投标人资格条件或者招标文件对投标人资格条件有规定的，投标人应当具备规定的条件）
	投标活动	投标人参加依法必须进行招标的项目的投标，不受地区或者部门的限制，任何单位和个人不得非法干涉。 单位负责人为同一人或者存在控股、管理关系的不同单位，不得参加同一标段投标或者未划分标段的同一招标项目投标【2021年考过】
	投标人的改变	投标人发生合并、分立、破产等重大变化的，应当及时书面告知招标人。【2021年考过】 投标人不再具备资格预审文件、招标文件规定的资格条件或者其投标影响招标公正性的，其投标无效【2021年考过】

1. 关于投标人通常会采用说法正确与否的方式进行考查。

2. 本考点可能会这样命题：

（1）在招标投标过程中，投标人发生合并、分立、破产等重大变化的，应当（   ）。

A. 撤回投标　　　　　　　　　　　　　B. 提高投标保证金额

C. 撤销投标　　　　　　　　　　　　　D. 及时书面告知招标人

【答案】D

（2）关于投标人的说法，正确的有（   ）。

A. 投标人发生合并、分立、破产等重大变化的，其投标无效

B. 投标人参加依法必须进行招标的项目投标，不受地区或部门限制

C. 存在控股关系的不同单位不得参加同一招标项目的投标

D. 单位负责人为同一人的不同单位参加同一标段投标的，相关投标无效

E. 两个以上法人或者其他组织可以组成一个联合体投标

【答案】B、C、D、E

专项突破9　投标文件的修改、撤回、送达与签收

例题：《招标投标法》规定，在招标文件要求提交投标文件的截止时间后送达的投标文件，招标人应当（   ）。【2021年考过】

A. 拒收　　　　　　　　　　　　　　　B. 重新招标

C. 推迟开标　　　　　　　　　　　　　D. 存档备查

【答案】A

1. 本考点还可以考核的题目有：

（1）《招标投标法》规定，投标人少于3个的，招标人应当依法（B）。

（2）《招标投标法实施条例》规定，未通过资格预审的申请人提交的投标文件，招标人应当（A）。

（3）《招标投标法实施条例》规定，不按照招标文件要求密封的投标文件，招标人应当（A）。

2. C、D选项为考试时可能会出现的干扰项。

3. 本考点还需要掌握的采分点有：

（1）《招标投标法》规定，投标人应当按照招标文件的要求编制投标文件。投标文件应当对招标文件提出的实质性要求和条件作出响应。【2021年考过】

（2）《招标投标法》规定，投标人在招标文件要求提交投标文件的截止时间前，可以补充、修改或者撤回已提交的投标文件，并书面通知招标人。补充、修改的内容为投标文件的组成部分。【2013年、2021年考过】

看到这里考生应联想到前面已经提过的招标人对已发出的招标文件进行澄清或修改的时限要求是什么？这两者要注意区分。

（3）《招标投标法》规定，投标人应当在招标文件要求提交投标文件的截止时间前，将投标文件送达投标地点。招标人收到投标文件后，应当签收保存，不得开启。

（4）《招标投标法实施条例》规定，投标人撤回已提交的投标文件，应当在投标截止时间前书面通知招标人。

专项突破10　投标保证金

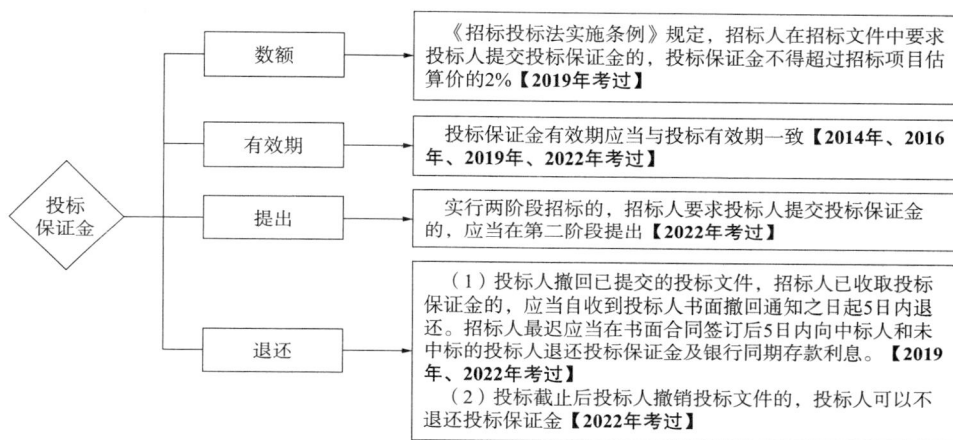

```
                ┌──── 数额 ────  《招标投标法实施条例》规定，招标人在招标文件中要求
                │              投标人提交投标保证金的，投标保证金不得超过招标项目估
                │              算价的2%【2019年考过】
                │
                ├──── 有效期 ──  投标保证金有效期应当与投标有效期一致【2014年、2016
  投标            │              年、2019年、2022年考过】
  保证金  ───────┤
                ├──── 提出 ────  实行两阶段招标的，招标人要求投标人提交投标保证金
                │              的，应当在第二阶段提出【2022年考过】
                │
                │              （1）投标人撤回已提交的投标文件，招标人已收取投标
                │              保证金的，应当自收到投标人书面撤回通知之日起5日内退
                └──── 退还 ────  还。招标人最迟应当在书面合同签订后5日内向中标人和未
                                中标的投标人退还投标保证金及银行同期存款利息。【2019
                                年、2022年考过】
                                （2）投标截止后投标人撤销投标文件的，投标人可以不
                                退还投标保证金【2022年考过】
```

重点难点专项突破

1. 注意：关于投标保证金，《工程建设项目施工招标投标办法》除了2%的规定外，还有最高数额的限制。

《工程建设项目施工招标投标办法》规定，投标保证金不得超过项目估算价的2%，但最高不得超过80万元人民币。【2015年考过】

关于投标保证金的数额，可能会考查一道简单的计算题，例如：

某工程施工招标项目估算价为5000万元，其投标保证金不得超过（　　）万元。

【2015年真题】

A. 80　　　　　　　　　　　B. 100

C. 150　　　　　　　　　　D. 200

【答案】A

2. 牢记：招标人在签订书面合同后除了要退还投标保证金外还需要退还银行同期存款利息。

3. 知识拓展。

投标保证金与履约保证金均是施工常用的担保种类，两者的区别见下表。

序号	项目	投标保证金	履约保证金
1	作用	避免因投标人在投标有效期内随意撤回、撤销投标或中标后不能提交履约保证金和签署合同等行为而给招标人造成损失	保证施工合同的顺利履行，防止承包人在合同执行过程中违反合同规定或违约，并弥补给发包人造成的经济损失
2	具体形式	现金、银行保函、保兑支票、银行汇票、现金支票	由银行或者担保公司向招标人出具履约保函或者保证书
3	数额要求	不超过招标项目估算价的2%	不超过中标合同金额的10%
4	有效期	与投标有效期一致；从提交投标文件的截止之日起算；截止时间根据招标项目的情况由招标文件规定	从提交履约保证起，到保修期满并颁发保修责任终止证后15天或14天止

4. 本考点可能会这样命题：

关于投标保证金的说法，正确的有（　　　）。

A. 招标人在招标文件中可以要求投标人提交投标保证金

B. 退还投标保证金时，无须退还保证金利息

C. 投标保证金有效期应当与投标有效期一致

D. 投标保证金不得超过招标项目结算价的2%

E. 中标人无正当理由不与招标人订立合同，取消其中标资格，投标保证金不予退还

【答案】A、C、E

专项突破11　禁止串通投标和其他不正当竞争行为的规定

例题：下列行为中，属于或视为投标人串通投标的有（　　　）。

A. 投标人之间协商投标报价等投标文件的实质性内容

B. 投标人之间约定中标人

C. 投标人之间约定部分投标人放弃投标或者中标【2017年考过】

D. 属于同一集团、协会、商会等组织成员的投标人按照该组织要求协同投标【2022年考过】

E. 不同投标人的投标文件由同一单位或者个人编制【2022年考过】

F. 不同投标人委托同一单位或者个人办理投标事宜【2014年考过】

G. 不同投标人的投标文件载明的项目管理成员为同一人【2022年考过】

H. 不同投标人的投标文件异常一致或者投标报价呈规律性差异【2022年考过】

I. 不同投标人的投标文件相互混装【2014年考过】

J. 不同投标人的投标保证金从同一单位或者个人的账户转出【2022年考过】

K. 招标人在开标前开启投标文件并将有关信息泄露给其他投标人【2021年考过】

L. 招标人直接或者间接向投标人泄露标底、评标委员会成员等信息【2021年

考过】

M. 招标人明示或者暗示投标人压低或者抬高投标报价【2021年考过】

N. 招标人授意投标人撤换、修改投标文件

O. 招标人明示或者暗示投标人为特定投标人中标提供方便

P. 投标人在账外给予招标人回扣获取中标

Q. 投标人使用伪造、变造的许可证件【2017年考过】

R. 投标人提供虚假的财务状况或者业绩【2017年考过】

S. 投标人提供虚假的项目负责人或者主要技术人员简历、劳动关系证明

T. 投标人提供虚假的信用状况

U. 招标人就同一招标项目向潜在投标人或者投标人提供有差别的项目信息【2017年、2019年考过】

V. 招标人设定的资格、技术、商务条件与招标项目的具体特点和实际需要不相适应或者与合同履行无关

W. 招标人依法必须进行招标的项目以特定行政区域或者特定行业的业绩、奖项作为加分条件或者中标条件

X. 招标人对潜在投标人或者投标人采取不同的资格审查或者评标标准【2019年考过】

Y. 招标人限定或者指定特定的专利、商标、品牌、原产地或者供应商【2017年、2019年考过】

Z. 招标人依法必须进行招标的项目非法限定潜在投标人或者投标人的所有制形式或者组织形式【2019年考过】

【答案】A、B、C、D、E、F、G、H、I、J

重点难点专项突破

1. 本考点还可以考核的题目有：

（1）《招标投标法实施条例》规定，投标人与招标人串通投标的情形有（K、L、M、N、O）。

（2）投标人以行贿手段谋取中标的情形有（P）。

（3）根据《招标投标法实施条例》的规定，投标人弄虚作假骗取中标的行为有（Q、R、S、T）。

（4）《招标投标法实施条例》规定，招标人以不合理条件限制、排斥潜在投标人或者投标人的情形有（U、V、W、X、Y、Z）。

2. 在建设工程招标投标活动中，投标人的不正当竞争行为共五类，分别是：投标人相互串通投标、招标人与投标人串通投标、投标人以行贿手段谋取中标、投标人以低于成本的报价竞标、投标人以他人名义投标或者以其他方式弄虚作假骗取中标。

3. 本考点的考核频次较高，考核重点集中在联合体的资格条件和责任承担两个方面。难度不大，大家可多做练习，避免失分。

专项突破12　联合体投标

项目	内容
适用	一般适用于大型的或结构复杂的建设项目
联合体各方要求	（1）两个以上法人或者其他组织可以组成一个联合体，以一个投标人的身份共同投标。【2009年、2010年、2021年考过】 （2）联合体各方应当具备承担招标项目的相应能力。【2013年考过】 （3）国家有关规定或者招标文件对投标人资格条件有规定的，联合体各方均应当具备规定的相应资格条件
联合体的组成	招标人接受联合体投标并进行资格预审的，联合体应当在提交资格预审申请文件前组成【2022年考过】
联合体的资质等级	由同一专业的单位组成的联合体，按照资质等级较低的单位确定资质等级【2010年考过】
投标协议的签订及提交	联合体各方应当签订共同投标协议，明确约定各方拟承担的工作和责任，并将共同投标协议连同投标文件一并提交招标人
联合体的责任承担	联合体中标的，联合体各方应当共同与招标人签订合同，就中标项目向招标人承担连带责任【2009年、2010年、2012年、2013年、2017年、2022年考过】
其他规定	（1）招标人不得强制投标人组成联合体共同投标，不得限制投标人之间的竞争。 （2）招标人应当在资格预审公告、招标公告或者投标邀请书中载明是否接受联合体投标。 （3）资格预审后联合体增减、更换成员的，其投标无效。 （4）联合体各方在同一招标项目中以自己名义单独投标或者参加其他联合体投标的，相关投标均无效

重点难点专项突破

1. "共同与招标人签订合同"以及"承担连带责任"两个关键词，是本考点最为重要的采分点，属于必考内容。

2. 本考点可能会这样命题：

关于联合体投标的说法，正确的有（　　　）。

A. 联合体至少一方应当具备承担招标项目的相应能力

B. 联合体投标一般适用于大型的或者结构复杂的建设项目

C. 由同一专业的单位组成的联合体，按照资质等级较高的单位确定资质等级

D. 联合体中标的，联合体各方就中标项目向招标人承担按份责任

E. 联合体中标的，联合体各方应当共同与招标人订立合同

【答案】B、E

专项突破13　中标的法定要求

例题：《招标投标法实施条例》规定，依法必须进行招标的项目，招标人应当自收到评标报告之日起（　　　）日内公示中标候选人。【2020年考过】

A. 3　　　　　　　　　　　　　　　　B. 15

C. 10　　　　　　　　　　　　　　　D. 20

【答案】A

重点难点专项突破

1. 本考点还可以考核的题目有：

（1）《招标投标法实施条例》规定，依法必须进行招标的项目，招标人公示中标候选人的公示期不得少于（A）日。【2020年考过】

（2）投标人或者其他利害关系人对依法必须进行招标的项目的评标结果有异议的，应当在中标候选人公示期间提出。招标人应当自收到异议之日起（A）日内作出答复。【2020年考过】

> 提问：招标人作出答复前是否需要暂停招标投标活动？
>
> 答：招标人作出答复前，应当暂停招标投标活动。

（3）依法必须招标的建设项目，招标人应当自确定中标人之日起（B）日内，向有关行政监督部门提交招标投标情况的书面报告。【2015年真题题干】

（4）根据《招标投标法》及《招标投标法实施条例》的规定，招标文件要求中标人提交履约保证金的，中标人应当提交。履约保证金不得超过中标合同金额的（C）%。

2. D选项为考试时可能会出现的干扰项。

3. 本考点还需要掌握下表中的采分点。

项目	内容
中标人的投标需满足的条件	（1）能够最大限度地满足招标文件中规定的各项综合评价标准。 （2）能够满足招标文件的实质性要求，并且经评审的投标价格最低，但是投标价格低于成本的除外
中标候选人的审查确认	中标候选人的经营、财务状况发生较大变化或者存在违法行为，招标人认为可能影响其履约能力的，应当在发出中标通知书前由原评标委员会按照招标文件规定的标准和方法审查确认
中标人的确定方法	国有资金占控股或者主导地位的依法必须进行招标的项目，招标人应当确定排名第一的中标候选人为中标人。【2013年、2017年、2022年考过】 注：排名第一的中标候选人放弃中标、因不可抗力不能履行合同、不按照招标文件要求提交履约保证金，或者被查实存在影响中标结果的违法行为等情形，不符合中标条件的，招标人可以按照评标委员会提出的中标候选人名单排序依次确定其他中标候选人为中标人，也可以重新招标【2011年、2022年考过】
中标通知书	中标人确定后，招标人应向中标人发出中标通知书。中标通知书对招标人和中标人具有法律效力。 注：中标通知书具有法律效力的表现：中标通知书发出后，招标人改变中标结果的，或者中标人放弃中标项目的，应当依法承担法律责任

专项突破14 招标投标投诉与处理

项目	内容
投诉的规定	（1）投标人或者其他利害关系人认为招标投标活动不符合法律、行政法规规定的，可以自知道或者应当知道之日起10日内向有关行政监督部门投诉。 （2）对资格预审文件、招标文件、开标以及对依法必须进行招标项目的评标结果有异议的，应当依法先向招标人提出异议，其异议答复期间不计算在以上规定的期限内

续表

项目	内容
投诉处理的规定	（1）投诉人就同一事项向两个以上有权受理的行政监督部门投诉的，由最先收到投诉的行政监督部门负责处理。【2022年考过】 （2）行政监督部门应当自收到投诉之日起3个工作日内决定是否受理投诉，并自受理投诉之日起30个工作日内作出书面处理决定；需要检验、检测、鉴定、专家评审的，所需时间不计算在内【2022年考过】

重点难点专项突破

1. 上述涉及的时限：10日和30日应能够熟练区分。
2. 注意：必要时，行政监督部门可以责令暂停招标投标活动。【2022年考过】
3. 行政监督部门的工作人员对监督检查过程中知悉的国家秘密、商业秘密，应当依法予以保密。【2022年考过】

1Z303020 建设工程承包制度

专项突破1 工程总承包企业的责任

项目	内容
质量责任承担	《建筑法》规定，建筑工程总承包单位按照总承包合同的约定对建设单位负责；分包单位按照分包合同的约定对总承包单位负责。总承包单位和分包单位就分包工程对建设单位承担连带责任。【2009年、2012年考过】 《建设工程质量管理条例》规定，建设工程实行总承包的，总承包单位应当对全部建设工程质量负责；建设工程勘察、设计、施工、设备采购的一项或者多项实行总承包的，总承包单位应当对其承包的建设工程或者采购的设备的质量负责。 《房屋建筑和市政基础设施项目工程总承包管理办法》规定，工程总承包单位应当对其承包的全部建设工程质量负责，分包单位对其分包工程的质量负责，分包不免除工程总承包单位对其承包的全部建设工程所负的质量责任。工程总承包单位、工程总承包项目经理依法承担质量终身责任【2021年考过】
安全生产责任承担	工程总承包单位对承包范围内工程的安全生产负总责。分包单位应当服从工程总承包单位的安全生产管理，分包单位不服从管理导致生产安全事故的，由分包单位承担主要责任，分包不免除工程总承包单位的安全责任
工期责任承担	工程总承包单位应当依据合同对工期全面负责，对项目总进度和各阶段的进度进行控制管理，确保工程按期竣工

重点难点专项突破

1. 总承包单位与分包单位的"连带责任"是考查重点，一定要牢记。
2. 本考点可能会这样命题：
《建筑法》规定，总承包单位和分包单位就分包工程对建设单位承担（   ）。

专项突破2　分包工程的范围以及分包单位的认可

项目	内容
分包工程的范围	根据《建筑法》的规定，建筑工程总承包单位可以将承包工程中的部分工程发包给具有相应资质条件的分包单位。禁止承包单位将其承包的全部建筑工程转包给他人，禁止承包单位将其承包的全部建筑工程肢解以后以分包的名义分别转包给他人。施工总承包的，建筑工程主体结构的施工必须由总承包单位自行完成。【2019年考过】 　《招标投标法》规定，中标人按照合同约定或者经招标人同意，可以将中标项目的部分非主体、非关键性工作分包给他人完成。 　《招标投标法实施条例》规定，中标人按照合同约定或者经招标人同意，可以将中标项目的部分非主体、非关键性工作分包给他人完成。接受分包的人应当具备相应的资格条件，并不得再次分包【2016年考过】
分包单位的条件与认可	《建筑法》规定，建筑工程总承包单位可以将承包工程中的部分工程发包给具有相应资质条件的分包单位；但是，除总承包合同中约定的分包外，必须经建设单位认可。禁止总承包单位将工程分包给不具备相应资质条件的单位。 　《房屋建筑和市政基础设施工程施工分包管理办法》规定，严禁个人承揽分包工程业务。【2013年考过】 　建设单位不得直接指定分包工程承包人
禁止再分包	《建筑法》规定，禁止分包单位将其承包的工程再分包。【2014年考过】 　《房屋建筑和市政基础设施工程施工分包管理办法》中规定，除专业承包企业可以将其承包工程中的劳务作业发包给劳务分包企业外，专业分包工程承包人和劳务作业承包人都必须自行完成所承包的任务【2020年、2021年考过】
禁止转包	承包单位不得将其承包的全部建筑工程转包给他人

重点难点专项突破

1. 本考点通常会以说法正确与否的方式进行考查。

2. 总承包单位如果要将所承包的工程再分包给他人，应当依法告知建设单位并取得认可。这种认可应当依法通过两种方式：

（1）在总承包合同中规定分包的内容；【2016年考过】

（2）在总承包合同中没有规定分包内容时，事先征得建设单位的同意。【2016年考过】

3. 牢记：分包单位按照分包合同的约定对总承包单位负责；总分包单位对外承担连带责任。

4. 巧学妙记：连带责任的记忆口诀：对外一体无主次，对内约定可追偿。

5. 本考点可能会这样命题：

（1）关于确定分包单位的说法，正确的是（　　）。

A. 招标人可以在招标文件中指定某项专业工程的分包人

专项突破3　建设工程共同承包

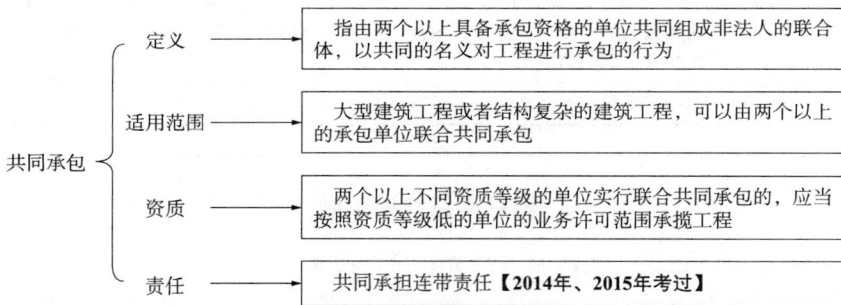

```
                        ┌─────────────────────────────────────────┐
              定义  ────▶│ 指由两个以上具备承包资格的单位共同组成非法人的联合 │
                        │ 体，以共同的名义对工程进行承包的行为              │
                        └─────────────────────────────────────────┘
                        ┌─────────────────────────────────────────┐
              适用范围 ──▶│ 大型建筑工程或者结构复杂的建筑工程，可以由两个以上 │
                        │ 的承包单位联合共同承包                          │
      共同承包          └─────────────────────────────────────────┘
                        ┌─────────────────────────────────────────┐
              资质  ────▶│ 两个以上不同资质等级的单位实行联合共同承包的，应当 │
                        │ 按照资质等级低的单位的业务许可范围承揽工程          │
                        └─────────────────────────────────────────┘
                        ┌─────────────────────────────────────────┐
              责任  ────▶│ 共同承担连带责任【2014年、2015年考过】          │
                        └─────────────────────────────────────────┘
```

重点难点专项突破

1. 共同承包的采分点包括适用工程范围、资质等级的确定、责任承担。

2. 本考点可能会这样命题：

关于建设工程联合共同承包的说法，正确的有（　　　）。

A. 对于中小型或者结构不复杂的工程，无须采用联合共同承包方式

B. 两个以上不同资质等级的单位实行联合共同承包的，可以按照资质等级高的单位的业务许可范围承揽工程

C. 两个以上具备承包资格的单位共同组成的联合体不具有法人资格

专项突破4 转包、违法分包和挂靠行为

例题：《建设工程质量管理条例》规定，违法分包行为包括（　　　）。

A. 总承包单位将建设工程分包给不具备相应资质条件的单位的【2010年、2011年、2015年、2020年考过】

B. 建设工程总承包合同中未有约定，又未经建设单位认可，承包单位将其承包的部分建设工程交由其他单位完成的【2010年、2011年、2013年、2020年考过】

C. 施工总承包单位将建设工程主体结构的施工分包给其他单位的【2010年、2011年、2015年、2020年、2022年考过】

D. 分包单位将其承包的建设工程再分包的【2010年、2011年、2015年考过】

E. 承包单位将其承包的全部工程转给其他单位或个人施工的【2022年考过】

F. 承包单位将其承包的全部工程肢解以后，以分包的名义分别转给其他单位或个人施工的

G. 施工总承包单位或专业承包单位未派驻项目负责人、技术负责人、质量管理负责人、安全管理负责人等主要管理人员的

H. 施工总承包单位或专业承包单位派驻的项目负责人、技术负责人、质量管理负责人、安全管理负责人中一人及以上与施工单位没有订立劳动合同且没有建立劳动工资和社会养老保险关系的

I. 施工总承包单位或专业承包单位派驻的项目负责人未对该工程的施工活动进行组织管理，又不能进行合理解释并提供相应证明的

J. 合同约定由承包单位负责采购的主要建筑材料、构配件及工程设备或租赁的施工机械设备，由其他单位或个人采购、租赁的

K. 合同约定由承包单位负责采购的主要建筑材料、构配件及工程设备或租赁的施工机械设备，施工单位不能提供有关采购、租赁合同及发票等证明，又不能进行合理解释并提供相应证明的

L. 专业作业承包人承包的范围是承包单位承包的全部工程，专业作业承包人计取的是除上缴给承包单位"管理费"之外的全部工程价款的

M. 承包单位通过采取合作、联营、个人承包等形式或名义，直接或变相将其承包的全部工程转给其他单位或个人施工的

N. 专业工程的发包单位不是该工程的施工总承包或专业承包单位的，但建设单位依约作为发包单位的除外

O. 专业作业的发包单位不是该工程承包单位的

P. 施工合同主体之间没有工程款收付关系的

Q. 承包单位收到款项后又将款项转拨给其他单位和个人，又不能进行合理解释并提供材料证明的

R. 没有资质的单位或个人借用其他施工单位的资质承揽工程的【2022年考过】

S. 有资质的施工单位相互借用资质承揽工程的【2022年考过】

【答案】A、B、C、D

重点难点专项突破

1. 本考点还可以考核的题目有：

（1）《建筑工程施工发包与承包违法行为认定查处管理办法》规定，除有证据证明属于挂靠或者其他违法行为的除外，应当被认定为转包的情形有（E、F、G、H、I、J、K、L、M、N、O、P、Q）。

（2）《建筑工程施工发包与承包违法行为认定查处管理办法》规定，应当被认定为挂靠的行为有（R、S）。

> 注意：如果G～Q选项有证据证明属于挂靠的，也应当被认定为挂靠行为。

2. E选项涉及的情形包括母公司承接建筑工程后将所承接工程交由具有独立法人资格的子公司施工的情形。

3. 本考点记忆难度较大，需要考生多花些时间。

4. 转包、违法分包和挂靠行为可通过下图理解记忆。

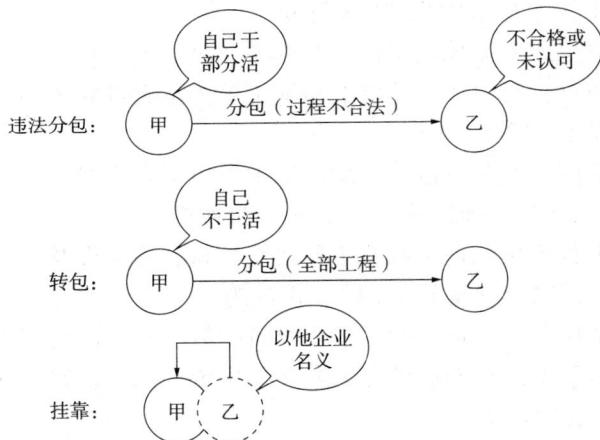

专项突破5　建设工程承包活动中违法行为应承担的法律责任

例题：关于承包单位将承包的工程转包或违法分包的，正确的行政处罚有（　　　）。

【2012年真题题干】

A. 责令改正【2012年考过】

B. 没收违法所得【2012年考过】

C. 责令停业整顿，降低资质等级【2012年考过】

D. 情节严重的，吊销资质证书【2012年考过】

E. 对勘察、设计单位处合同约定的勘察费、设计费25%以上50%以下的罚款【2012

年考过】

F. 对施工单位处工程合同价款0.5%以上1%以下的罚款【2012年考过】

【答案】A、B、C、D、E、F

重点难点专项突破

1. 本考点还可以考核的题目有：

（1）《建筑法》规定，发包单位将工程发包给不具有相应资质条件的承包单位的，或者违反本法规定将建筑工程肢解发包的，（A），处以罚款。

（2）建筑施工企业转让、出借资质证书或者以其他方式允许他人以本企业的名义承揽工程的，正确的行政处罚有（A、B）。

> 注：对因以上承揽工程不符合规定的质量标准造成的损失，建筑施工企业与使用本企业名义的单位或者个人承担连带赔偿责任。【2011年、2020年考过】

2. 就全书而言关于法律责任的采分点考查的并不多，但是本考点的考查频次却很高，因此可将本考点列为备考复习重点，难度不大，重在记忆。

1Z303030　建筑市场信用体系建设

专项突破1　施工单位不良行为记录的认定标准

例题：下列不良行为中，属于施工企业资质不良行为的是（　　　）。

A. 未取得资质证书承揽工程的

B. 超越本单位资质等级承揽工程的

C. 以欺骗手段取得资质证书承揽工程的【2015年、2022年考过】

D. 允许其他单位或个人以本单位名义承揽工程的

E. 未在规定期限内办理资质变更手续的【2015年、2021年考过】

F. 涂改、伪造、出借、转让建筑业企业资质证书的【2022年考过】

G. 按照国家规定需要持证上岗的技术工种的作业人员未经培训、考核，未取得证书上岗，情节严重的

H. 利用向发包单位及其工作人员行贿、提供回扣等不正当手段承揽业务的【2022年考过】

I. 相互串通投标或与招标人串通投标的手段谋取中标的

J. 以向招标人或评标委员会成员行贿的手段谋取中标的【2012年考过】

K. 以他人名义投标或以其他方式弄虚作假，骗取中标的【2012年考过】

L. 不按照与招标人订立的合同履行义务，情节严重的【2015年考过】

M. 将承包的工程转包或违法分包的【2012年、2015年、2017年、2019年考过】

N. 在施工中偷工减料的，使用不合格建筑材料、建筑构配件和设备的【2022年考过】

O. 有不按照工程设计图纸或施工技术标准施工的行为的

P. 未按照节能设计进行施工的【2011年考过】

Q. 未对建筑材料、建筑构配件、设备和商品混凝土进行检测的

R. 未对涉及结构安全的试块、试件以及有关材料取样检测的

S. 工程竣工验收后，不向建设单位出具质量保修书的

T. 质量保修的内容、期限违反规定的

U. 不履行保修义务或者拖延履行保修义务的【2011年考过】

V. 对建筑安全事故隐患不采取措施予以消除的【2015年考过】

W. 未在施工起重机械和整体提升脚手架、模板等自升式架设设施验收合格后登记的【2013年考过】

X. 在尚未竣工的建筑物内设置员工集体宿舍的【2013年考过】

Y. 未对因建设工程施工可能造成损害的毗邻建筑物、构筑物和地下管线等采取专项防护措施的【2013年考过】

Z. 使用验收不合格的施工起重机械和整体提升脚手架、模板等自升式架设设施的【2013年、2018年考过】

【答案】A、B、C、D、E、F、G

重点难点专项突破

1. 本考点还可以考核的题目有：

（1）下列行为中，属于建设工程施工企业承揽业务不良行为的是（H、I、J、K、L、M）。【2019年真题题干】

（2）根据《全国建筑市场各方主体不良行为记录认定标准》，施工单位工程质量不良行为认定标准包括（N、O、P、Q、R、S、T、U）。

（3）根据《全国建筑市场各方主体不良行为记录认定标准》，下列施工企业的行为中，属于工程安全不良行为认定标准的是（V、W、X、Y、Z）。【2018年真题题干】

（4）V～Z选项是工程安全不良行为认定标准中的常考项，由于篇幅所限，其他内容这里就不再讲述了，考生可自行参照教材学习。

2. 施工单位的不良行为记录认定标准共分为五大类，在考核某一不良行为记录认定标准时通常会将其他标准作为干扰项。

3. 本考点的记忆难度较大，下面为考生提供一个记忆方法。

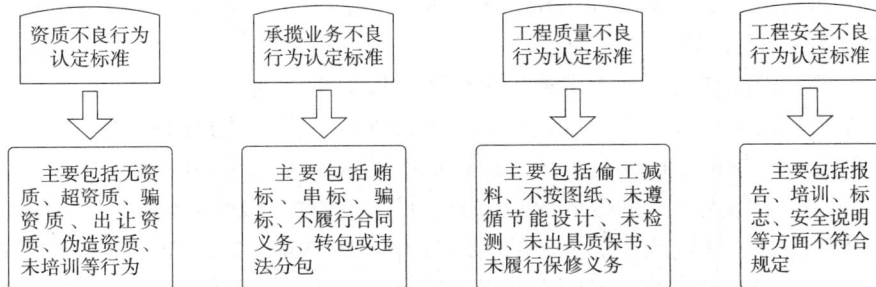

资质不良行为认定标准	承揽业务不良行为认定标准	工程质量不良行为认定标准	工程安全不良行为认定标准
主要包括无资质、超资质、骗资质、出让资质、伪造资质、未培训等行为	主要包括贿标、串标、骗标、不履行合同义务、转包或违法分包	主要包括偷工减料、不按图纸、未遵循节能设计、未检测、未出具质保书、未履行保修义务	主要包括报告、培训、标志、安全说明等方面不符合规定

专项突破2　建筑市场诚信行为的公布

例题：《建筑市场信用管理暂行办法》规定，建筑市场优良信用信息公开期限一般为（　　）年。

A. 3

B. 6～36【2013年考过】

C. 20

D. 6

E. 5

【答案】A

重点难点专项突破

1. 本考点还可以考核的题目有：

（1）《建筑市场诚信行为信息管理办法》规定，省、自治区和直辖市建设行政主管部门负责审查不良行为记录的整改结果，对整改确有实效的，由企业提出申请，经批准，可缩短其不良行为记录信息公布期限，但公布期限最短不得少于（A）个月，同时将整改结果列于相应不良行为记录后，供有关部门和社会公众查询。【2016年考过】

　　注意：对于拒不整改或整改不力的单位，信息发布部门可延长其不良行为记录信息公布期限。【2019年考过】

（2）《建筑市场信用管理暂行办法》规定，不良信用信息公开期限一般为（B）个月，并不得低于相关行政处罚期限。【2021年考过】

（3）《招标投标违法行为记录公告暂行办法》规定，国务院有关行政主管部门和省级人民政府有关行政主管部门应自招标投标违法行为行政处理决定作出之日起（C）个工作日内对外进行记录公告。

（4）《招标投标违法行为记录公告暂行办法》规定，招标投标违法行为记录公告期限为（D）个月。

（5）《招标投标违法行为记录公告暂行办法》规定，依法限制招标投标当事人资质等方面的行政处理决定，所认定的限制期限长于（D）个月的，公告期限从其决定。

（6）《招标投标违法行为记录公告暂行办法》规定，被公告的招标投标当事人认为公告记录与行政处理决定的相关内容不符的，可向公告部门提出书面更正申请，并提供相关证据。公告部门接到书面申请后，应在（E）个工作日内进行核对。

2. 考生还需要掌握招标投标违法行为记录公告的内容、范围及变更，具体内容见下表。

项目	内容
公告内容	《招标投标违法行为记录公告暂行办法》规定，对招标投标违法行为所作出的以下行政处理决定应给予公告： （1）警告； （2）罚款； （3）没收违法所得； （4）暂停或者取消招标代理资格； （5）取消在一定时期内参加依法必须进行招标的项目的投标资格；【2017年考过】 （6）取消担任评标委员会成员的资格； （7）暂停项目执行或追回已拨付资金； （8）暂停安排国家建设资金； （9）暂停建设项目的审查批准； （10）行政主管部门依法作出的其他行政处理决定
公告的变更	行政处理决定在被行政复议或行政诉讼期间，公告部门依法不停止对违法行为记录的公告，但行政处理决定被依法停止执行的除外【2014年考过】。原行政处理决定被依法变更或撤销的，公告部门应当及时对公告记录予以变更或撤销，并在公告平台上予以声明。 行政处罚决定经行政复议、行政诉讼以及行政执法监督被变更或被撤销，应及时变更或删除该不良记录，并在相应诚信信息平台上予以公布，同时应依法妥善处理相关事宜【2015年考过】

专项突破3　建筑市场诚信行为的奖惩机制

例题：《建筑市场信用管理暂行办法》规定，县级以上住房城乡建设主管部门按照"谁处罚、谁列入"的原则，将存在（　　）情形的建筑市场各方主体，列入建筑市场主体"黑名单"。

A. 利用虚假材料、以欺骗手段取得企业资质的【2022年考过】

B. 发生转包、出借资质，受到行政处罚的【2022年考过】

C. 发生重大及以上工程质量安全事故，受到行政处罚的

D. 1年内累计发生2次及以上较大工程质量安全事故，受到行政处罚的【2022年考过】

E. 发生性质恶劣、危害性严重、社会影响大的较大工程质量安全事故，受到行政处罚的

F. 经法院判决或仲裁机构裁决，认定为拖欠工程款，且拒不履行生效法律文书确定的义务的【2022年考过】

【答案】A、B、C、D、E、F

重点难点专项突破

1. C选项中注意"重大"的限制。
2. D选项中注意"2次"和"较大"的限制。
3. 各级住房和城乡建设主管部门应当将列入建筑市场主体"黑名单"和拖欠农民工工资"黑名单"的建筑市场各方主体作为重点监管对象，在市场准入、资质资格管理、招标投标等方面依法给予限制。

1Z304000　建设工程合同和劳动合同法律制度

1Z304010　建设工程合同制度

专项突破1　合同的分类

例题：根据合同当事人是否互相负有给付义务，可以将合同分为（　　　）。

A. 有名合同　　　　　　　　　　　B. 无名合同

C. 双务合同　　　　　　　　　　　D. 单务合同

E. 诺成合同　　　　　　　　　　　F. 实践合同【2014年考过】

G. 要式合同　　　　　　　　　　　H. 不要式合同

I. 有偿合同　　　　　　　　　　　J. 无偿合同

K. 主合同　　　　　　　　　　　　L. 从合同

【答案】C、D

重点难点专项突破

1. 本考点还可以考核的题目有：

（1）根据法律是否明文规定了一定合同的名称，可以将合同分为（A、B）。

（2）根据合同的成立是否需要交付标的物，可以将合同分为（E、F）。

（3）根据法律对合同的形式是否有特定要求，可以将合同分为（G、H）。

（4）根据合同当事人之间的权利义务是否存在对价关系，可以将合同分为（I、J）。

（5）根据合同相互间的主从关系，可以将合同分为（K、L）。

（6）双方当事人互享债权、互负债务，一方的合同权利正好是对方的合同义务，彼此形成对价关系的合同被称为（C）。

（7）合同当事人中仅有一方负担义务，而另一方只享有合同权利的合同被称为（D）。

（8）当事人双方意思表示一致就可以成立的合同被称为（E）。

（9）除当事人双方意思表示一致以外，尚须交付标的物才能成立的合同被称为（F）。【2014年考过】

（10）根据法律规定必须采取特定形式的合同被称为（G）。【2012年考过】

（11）一方通过履行合同义务而给对方某种利益，对方要得到该利益必须支付相应代价的合同被称为（I）。

（12）一方给付对方某种利益，对方取得该利益时并不支付任何代价的合同被称为（J）。

（13）建设工程合同属于（A、C、E、G、I、K）。【2009年考过】

2. 在考试时还会结合实例来考查大家对知识点的理解程度，题目可能会这样设置：

（1）关于合同分类的说法，正确的是（   ）。【2021年真题】

A. 建设工程合同属于非典型合同

B. 施工企业与商业银行的借款合同属于单务合同

C. 建筑材料的买卖合同属于实践合同

D. 建筑机械设备的租赁合同属于诺成合同

【答案】D

（2）下列合同中，属于实践合同的是（   ）。【2016年真题】

A. 保管合同   B. 运输合同

C. 租赁合同   D. 建设工程合同

【答案】A

（3）下列合同中，属于依法应当采用书面形式的有（   ）。【2010年真题】

A. 银行贷款合同   B. 货物运输合同

C. 租赁合同   D. 买卖合同

E. 施工合同

【答案】A、E

3. 鉴于以上几道真题的考查侧重点，考生应重点记忆下表中的内容。

合同类型	示例
有名合同	建设工程合同
单务合同	赠与合同、无偿委托合同、无偿保管合同
诺成合同	建设工程合同、买卖合同、租赁合同【2021年考过】
实践合同	保管合同
有偿合同	建设工程合同
无偿合同	赠与合同

专项突破2　要约、要约邀请、承诺

例题：《民法典》规定，要约邀请是希望他人向自己发出要约的表示。下列文件中，属于要约邀请的是（   ）。【2012年考过】

A. 债券募集办法   B. 投标文件

C. 中标通知书【2009年考过】   D. 招标公告

E. 寄送的价目表   F. 拍卖公告【2012年考过】

G. 商业广告【2012年考过】   H. 招股说明书

【答案】A、D、E、F、G、H

重点难点专项突破

1. 本考点还可以考核的题目有：

（1）根据《民法典》，下列文件中，属于要约的是（B）。

（2）《民法典》规定，承诺是受要约人同意要约的意思表示。下列文件中，属于承诺的是（C）。

2. 要约与承诺还需要掌握其生效、撤回与内容变更等相关知识，这些采分点以表格的形式体现会更直观，具体内容见下表。

项目	要约	承诺
生效时间	以对话方式作出的意思表示，相对人知道其内容时生效。以非对话方式作出的意思表示，到达相对人时生效。以非对话方式作出的采用数据电文形式的意思表示，相对人指定特定系统接收数据电文的，该数据电文进入该特定系统时生效；未指定特定系统的，相对人知道或者应当知道该数据电文进入其系统时生效	（1）以通知方式作出的承诺的生效时间：以对话方式作出的意思表示，相对人知道其内容时生效。以非对话方式作出的意思表示，到达相对人时生效。以非对话方式作出的采用数据电文形式的意思表示，相对人指定特定系统接收数据电文的，该数据电文进入该特定系统时生效；未指定特定系统的，相对人知道或者应当知道该数据电文进入其系统时生效。 （2）承诺不需要通知的，根据交易习惯或者要约的要求作出承诺的行为时生效
撤回	撤回意思表示的通知应当在意思表示到达相对人前或者与意思表示同时到达相对人【2022年考过】	—
撤销	要约可以撤销，但有下列情形之一的，不得撤销：（1）要约人以确定承诺期限或者其他形式明示要约不可撤销；（2）受要约人有理由认为要约是不可撤销的，并已经为履行合同作了合理准备工作【2021年考过】	—
内容变更	—	受要约人对要约的内容作出实质性变更（有关合同标的、数量、质量、价款或者报酬、履行期限、履行地点和方式、违约责任和解决争议方法等的变更）的，为新要约【2010年、2017年考过】

专项突破3 开工日期的认定

项目	内容
一般规定	发包人或者监理人发出的开工通知载明的开工日期【2021年考过】
尚不具备开工条件的	以开工条件具备的时间为开工日期【2021年考过】
因承包人原因导致开工时间推迟的	以开工通知载明的时间为开工日期
承包人经发包人同意已经实际进场施工的	以实际进场施工时间为开工日期【2021年考过】
发包人或者监理人未发出开工通知，亦无相关证据证明实际开工日期的	综合考虑开工报告、合同、施工许可证、竣工验收报告或者竣工验收备案表等载明的时间，并结合是否具备开工条件的事实，认定开工日期

1. 在不同情况下, 开工日期会有所不同, 注意对应关系, 不要记混。

2. 本考点可能会这样命题:

某建设工程施工合同约定的开工日期为3月1日, 发包人于3月10日向承包人发出开工通知, 开工通知载明的开工日期为3月20日。接到开工通知后, 承包人由于人员、设备未能及时到位, 3月30日才正式进场施工。根据《最高人民法院关于审理建设工程施工合同纠纷案件适用法律问题的解释 (一)》, 该项目开工日期应当为 ( )。

A. 3月1日   B. 3月20日

C. 3月10日   D. 3月30日

【答案】B

专项突破4 竣工日期

例题:《最高人民法院关于审理建设工程施工合同纠纷案件适用法律问题的解释 (一)》规定, 建设工程经竣工验收合格的, 以 ( ) 为竣工日期。【2010年、2018年过】

A. 竣工验收合格之日

B. 承包人提交验收报告之日【2014年、2019年考过】

C. 转移占有建设工程之日

D. 合同约定的计划日期

【答案】A

1. 本考点还可以考核的题目有:

(1)《最高人民法院关于审理建设工程施工合同纠纷案件适用法律问题的解释 (一)》规定, 承包人已经提交竣工验收报告, 发包人拖延验收的, 以 (B) 为竣工日期。【2010年、2018年考过】

(2)《最高人民法院关于审理建设工程施工合同纠纷案件适用法律问题的解释 (一)》规定, 建设工程未经竣工验收, 发包人擅自使用的, 以 (C) 为竣工日期。【2010年、2018年考过】

2. D选项为考试时可能会出现的干扰项。

3. 本考点通常会结合具体实例进行考查, 例如:

施工单位于6月1日提交竣工验收报告, 建设单位因故迟迟不予组织竣工验收。同年10月8日, 建设单位组织竣工验收时因监理单位的过错未能正常进行。10月20日建设单位实际使用该工程。则施工单位承担的保修期应于 ( ) 起计算。

A. 6月1日   B. 8月30日

C. 10月8日   D. 10月20日

【答案】A

专项突破5　工程价款结算争议的处理

例题：《最高人民法院关于审理建设工程施工合同纠纷案件适用法律问题的解释（一）》规定，利息从应付工程价款之日计付。当事人对付款时间没有约定或者约定不明的，建设工程已实际交付的，应付款时间为（　　）。

A. 工程交付之日【2022年考过】　　　　B. 提交竣工结算文件之日

C. 当事人起诉之日【2020年考过】　　　D. 提交验收报告之日

【答案】A

重点难点专项突破

1. 本考点还可以考核的题目有：

（1）《最高人民法院关于审理建设工程施工合同纠纷案件适用法律问题的解释（一）》规定，当事人对付款时间没有约定或者约定不明的，建设工程没有交付的，应付款时间为（B）。【2022年考过】

（2）《最高人民法院关于审理建设工程施工合同纠纷案件适用法律问题的解释（一）》规定，当事人对付款时间没有约定或者约定不明的，建设工程未交付，工程价款也未结算的，应付款时间为（C）。

2. D选项为考试时可能会出现的干扰项。

3. 工程价款的应付之日也会结合具体实例进行考查：

某施工合同约定，工程通过竣工验收后2个月内，结清所有工程款。2017年9月1日工程通过竣工验收，但直到2017年9月20日施工企业将工程移交建设单位，之后建设单位一直未支付工程余款。2018年5月1日，施工企业将建设单位起诉至人民法院，要求其支付工程欠款及利息。则利息起算日为（　　）。【2018年真题】

A. 2017年9月21日　　　　　　　B. 2017年11月21日

C. 2017年11月2日　　　　　　　D. 2018年5月2日

【答案】C

4. 本考点还有一个重要的采分点——工程垫资的处理。

这一采分点只要记住下面两句话即可：

当事人对垫资和垫资利息有约定，承包人请求按照约定返还垫资及其利息的，人民法院应予支持。

> 注意：约定的利息计算标准高于中国人民银行发布的同期同类贷款利率的部分不适用以上规定。

《最高人民法院关于审理建设工程施工合同纠纷案件适用法律问题的解释（一）》规定，当事人对欠付工程价款利息计付标准有约定的，按照约定处理。没有约定的，按照同期同类贷款利率或者同期贷款市场报价利率计息。

专项突破6　承包人工程价款的优先受偿权

例题：《最高人民法院关于审理建设工程施工合同纠纷案件适用法律问题的解释（一）》规定，装饰装修工程的承包人，请求装饰装修工程价款就该装饰装修工程折价或者拍卖的价款优先受偿的，人民法院（　　）。

A. 应予支持　　　　　　　　　　B. 不予支持
C. 准许重新鉴定　　　　　　　　D. 依法发出支付令

【答案】A

重点难点专项突破

1. 本考点还可以考核的题目有：

（1）《最高人民法院关于审理建设工程施工合同纠纷案件适用法律问题的解释（一）》规定，建设工程质量合格，承包人请求其承建工程的价款就工程折价或者拍卖的价款优先受偿的，人民法院（A）。【2022年考过】

（2）《最高人民法院关于审理建设工程施工合同纠纷案件适用法律问题的解释（一）》规定，未竣工的建设工程质量合格，承包人请求其承建工程的价款就其承建工程部分折价或者拍卖的价款优先受偿的，人民法院（A）。【2020年、2022年考过】

（3）《最高人民法院关于审理建设工程施工合同纠纷案件适用法律问题的解释（一）》规定，承包人就逾期支付建设工程价款的利息、违约金、损害赔偿金等主张优先受偿的，人民法院（B）。【2022年考过】

（4）《最高人民法院关于审理建设工程施工合同纠纷案件适用法律问题的解释（一）》规定，发包人与承包人约定放弃或者限制建设工程价款优先受偿权，损害建筑工人利益，发包人根据该约定主张承包人不享有建设工程价款优先受偿权的，人民法院（B）。【2020年、2022年考过】

2. C、D选项为考试时可能会出现的干扰项。

3. 除了以上题目外，关于优先受偿权还可能会考查以下采分点：

承包人应当在合理期限内行使建设工程价款优先受偿权，但最长不得超过18个月，自发包人应当给付建设工程价款之日起算。【2011年、2015年、2020年、2022年考过】

专项突破7　赔偿损失的相关规定

例题：赔偿损失，是指合同违约方因不履行或不完全履行合同义务而给对方造成的损失，依法或依据合同约定赔偿对方所蒙受损失的一种违约责任形式。建设工程施工合同中的发包人应承担的赔偿损失范围包括（　　）。【2015年考过】

A. 未及时检查隐蔽工程造成的损失
B. 未按照约定提供原材料、设备等造成的损失
C. 因发包人原因致使工程中途停建、缓建造成的损失
D. 提供图纸或者技术要求不合理且怠于答复等造成的损失
E. 中途变更承揽工作要求造成的损失

F. 要求压缩合同约定工期造成的损失

G. 验收违法行为造成的损失

H. 转让、出借资质证书等造成的损失

I. 转包、违法分包造成的损失

J. 偷工减料等造成的损失

K. 与监理单位串通造成的损失

L. 不履行保修义务造成的损失

M. 保管不善造成的损失

N. 合理使用期限内造成的损失

【答案】A、B、C、D、E、F、G

重点难点专项突破

1. 本考点还可以考核的题目有：

建设工程施工合同中的承包人应承担的赔偿损失范围包括（H、I、J、K、L、M、N）。

2. 承担赔偿损失这种违约责任形式的构成要件有哪些呢？

（1）具有违约行为。

（2）造成损失后果。

（3）违约行为与财产等损失之间有因果关系。

（4）违约人有过错，或者虽无过错，但法律规定应当赔偿。

3. 下面讲一下本考点最重要的一个采分点——赔偿损失的限制。

赔偿损失的限制主要表现在两个方面：

（1）《民法典》规定，赔偿损失不得超过违约一方订立合同时预见到或者应当预见到的违反合同可能造成的损失。

（2）《民法典》规定，当事人一方违约后，对方应当采取适当措施防止损失的扩大；没有采取适当措施致使损失扩大的，不得就扩大的损失请求赔偿。当事人因防止损失扩大而支出的合理费用，由违约方承担。

这一采分点可能会采用下题的形式进行考核：

某工程施工中某水泥厂为施工企业供应水泥，迟延交货一周，延迟交货导致施工企业每天损失0.4万元。第一天晚上施工企业为减少损失，采取紧急措施共花费1万元，使剩余6天共损失0.7万元。则水泥厂因违约应向施工企业赔偿的损失为（   ）万元。

【2018年真题】

A. 1.1   B. 1.7

C. 2.1   D. 2.8

【答案】C

专项突破8　无效合同、效力待定合同及可撤销合同的类型

例题：下列合同中，属于无效合同的有（   ）。

A. 施工合同的承包人未取得建筑施工企业资质或超越资质等级订立的合同【2015

年、2020年、2022年考过】

  B．没有资质的实际施工人借用有资质的建筑施工企业名义订立的施工合同【2015
年、2020年考过】

  C．建设工程必须进行招标而未招标订立的施工合同【2022年】

  D．限制行为能力人订立的合同

  E．无权代理人订立的合同

  F．承包人非法转包、违法分包建设工程所签订的施工合同

  G．因重大误解订立的合同【2017年考过】

  H．在订立合同时显失公平的合同【2017年考过】

  I．以欺诈、胁迫的手段订立的合同【2017年考过】

  【答案】A、B、C、F

重点难点专项突破

  1．本考点还可以考核的题目有：

  （1）根据《民法典》的规定，属于效力待定合同的是（D、E）。

  （2）根据《民法典》的规定，属于可撤销合同的是（G、H、I）。

  2．考生应区分无效合同、效力待定合同及可撤销合同，能够根据题意判断题目所述为哪种合同。在三种合同中，无效合同考核的最多、可撤销合同次之、效力待定合同最少，在复习时可有所侧重。

  3．"限制行为能力人订立的合同"与"无权代理人订立的合同"的相对人可以催告法定代理人/被代理人自收到通知之日起30日内予以追认。法定代理人/被代理人未作表示的，视为拒绝追认。合同被追认之前，善意相对人有撤销的权利。

专项突破9　无效合同的相关知识

项目	内容
特征	（1）具有违法性。 （2）具有不可履行性。 （3）自订立之时就不具有法律效力
有效民事法律行为所具备的条件	（1）行为人具有相应的民事行为能力。 （2）意思表示真实。 （3）不违反法律、行政法规的强制性规定，不违背公序良俗
无效的免责条款	（1）造成对方人身伤害的。 （2）因故意或者重大过失造成对方财产损失的

无效合同的法律后果	无效的或者被撤销的民事法律行为自始没有法律约束力。民事法律行为部分无效，不影响其他部分效力的，其他部分仍然有效。
	  合同不生效、无效、被撤销或者终止的，不影响合同中有关解决争议方法的条款的效力。
	  合同无效或者被撤销后，因该合同取得的财产，应当予以返还；不能返还或者没有必要返还的，应当折价补偿。有过错的一方应当赔偿对方因此所受到的损失，双方都有过错的，应当各自承担相应的责任【2017年考过】

项目	内容
无效施工合同的工程款结算	《民法典》规定，建设工程施工合同无效，但是建设工程经验收合格的，可以参照合同关于工程价款的约定折价补偿承包人。 建设工程施工合同无效，且建设工程经验收不合格的，按照以下情形处理： （1）修复后的建设工程经验收合格的，发包人可以请求承包人承担修复费用； （2）修复后的建设工程经验收不合格的，承包人无权请求参照合同关于工程价款的约定折价补偿

重点难点专项突破

1. 关于无效合同，要掌握免责条款、法律后果及无效施工合同的工程款结算。

2. 本考点可能会这样命题：

（1）根据《民法典》，下列合同的免责条款中，无效的是（　　）。

A. 因重大过失造成对方财产损失的免责条款

B. 因轻微过失违约无需承担违约责任的条款

C. 因不可抗力造成对方财产损失的免责条款

D. 因市场价格波动造成对方财产损失的免责条款

【答案】A

（2）关于无效合同法律后果的说法，正确的是（　　）。

A. 无效合同自被确认为无效时起没有法律约束力

B. 无效合同的当事人因该合同取得的财产，应当折价补偿

C. 无效合同中双方都有过错的，仅需承担各自的损失

D. 合同无效的，不影响合同中有关解决争议方法的条款的效力

【答案】D

专项突破10　合同的履行与变更

项目	内容
合同的履行	合同生效后，当事人不得因姓名、名称的变更或者法定代表人、负责人、承办人的变动而不履行合同义务
合同的变更	当事人协商一致，可以变更合同。当事人对合同变更的内容约定不明确的，推定为未变更。【2009年、2012年、2019年考过】 如果双方当事人就变更事项达成一致意见，则变更后的内容取代原合同的内容，当事人应当按照变更后的内容履行合同

重点难点专项突破

1. 本考点属于高频采分点，特别是当事人对合同变更约定不明确时应如何认定的问题，一定要记住。

2. 本考点可能会这样命题：

（1）甲乙双方签订了购货合同。在合同履行过程中，甲方得知乙方公司名称及其法定代表人均发生了变更，于是要求签订合同变更协议，遭到乙方的拒绝。针对该情形，说法正确的是（　　）。

A. 原合同已经终止　　　　　　　　B. 合同主体未变更

C. 必须签订变更协议　　　　　　　D. 合同内容已变更

【答案】B

（2）下列变更中，属于应当经合同当事人双方协商一致情形的是（　　）。

A. 采购数量变更　　　　　　　　　B. 公司名称变更

C. 合同签约人员变更　　　　　　　D. 公司法定代表人变更

【答案】A

（3）关于施工合同变更的说法，正确的是（　　）。

A. 合同变更内容约定不明确的，推定为未变更

B. 合同变更应当办理批准、登记手续

C. 工程变更必将导致合同变更

D. 合同非实质性条款的变更无须当事人双方协商一致

【答案】A

专项突破 11　合同的转让

项目	权利转让	义务转让	权利义务一并转让
生效条件	债权人转让债权，未通知债务人的，该转让对债务人不发生效力。债权人转让权利的通知不得撤销，但经受让人同意的除外【2011年、2015年、2016年考过】	债务人将合同的义务全部或者部分转移给第三人的，应当经债权人同意。债务人或者第三人可以催告债权人在合理期限内予以同意，债权人未做表示的，视为不同意	当事人一方经对方同意，可以将自己在合同中的权利和义务一并转让给第三人
后果	全部转让——原债务人被新的债务人替代。部分转让——新债务人的加入使原债务人不再完全履行原债务	全部转让——原债务人被新的债务人替代。部分转让——新债务人的加入使原债务人不再完全履行原债务	原合同关系消灭，第三人取代了转让方的地位，产生出一种新的合同关系

重点难点专项突破

1. 除了以上内容外，还应知道合同权利转让的除外情形：

（1）根据债权性质不得转让；【2009年考过】

（2）按照当事人约定不得转让；【2009年考过】

（3）依照法律规定不得转让。

2. 牢记：债权转让需通知、债务转让需同意。

3. 本考点可能会这样命题：

（1）合同权利转让未通知债务人，则（　　）。

A. 转让合同无效　　　　　　　　　B. 对债务人不发生效力

C. 推定为未转让　　　　　　　　　　　D. 抗辩权发生转移

【答案】B

（2）2016年9月15日，甲材料供应商与丙材料供应商订立书面合同，转让甲对乙施工企业的30万元债权。同年9月25日，乙接到甲关于转让债权的通知。关于该债权转让的说法，正确的是（　　　）。

A. 甲与丙之间的债权转让合同9月25日生效

B. 丙于9月15日可以向乙主张30万元债权

C. 甲与丙之间的债权转让行为于9月25日对乙生效

D. 乙拒绝清偿30万元债务的，丙可以要求甲和乙承担连带责任

【答案】C

（3）根据《民法典》，下列合同转让产生法律效力的是（　　　）。

A. 施工企业将施工合同中主体结构的施工转让给第三人

B. 施工企业将其对建设单位的债权转让给了水泥厂，并通知了建设单位

C. 建设单位到期不能支付工程款，书面通知施工企业将债务转让给第三人

D. 监理单位将监理合同一并转让给其他具有相应监理资质的监理单位

【答案】B

专项突破12　合同的解除

例题：合同的解除分为约定解除与法定解除。《民法典》规定，当事人可以解除合同的情形有（　　　）。

A. 因不可抗力致使不能实现合同目的【2010年、2013年考过】

B. 在履行期限届满之前，当事人一方明确表示不履行主要债务

C. 在履行期限届满之前，当事人一方以自己的行为表明不履行主要债务

D. 当事人一方延迟履行主要债务，经催告后在合理期限内仍未履行【2010年考过】

E. 当事人一方延迟履行债务或者有其他违约行为致使不能实现合同目的

F. 债务已经履行

G. 债务相互抵消

H. 债务人依法将标的物提存

I. 债权人免除债务

J. 债权债务同归于一人

【答案】A、B、C、D、E

重点难点专项突破

1. 本考点还可以考核的题目有：

根据《民法典》的规定，除合同解除外，债权债务的终止情形有（F、G、H、I、J）。

2. 合同的解除，是指合同有效成立后，当具备法律规定的合同解除条件时，因当事人一方或双方的意思表示而使合同关系归于消灭的行为。合同解除具有如下特征：

（1）合同的解除适用于合法有效的合同，而无效合同、可撤销合同不发生合同解除。

（2）合同解除须具备法律规定的条件。

（3）合同解除须有解除的行为。

（4）合同解除使合同关系自始消灭或者向将来消灭，可视为当事人之间未发生合同关系，或者合同尚存的权利义务不再履行。

专项突破13　施工合同的解除

例题：根据《民法典》，下列情形中，发包人可以请求人民法院解除建设工程施工合同的有（　　）。

A. 将承包的建设工程非法转包、违法分包的【2015年、2020年、2021年考过】

B. 提供的主要建筑材料、建筑构配件和设备不符合强制性标准的

C. 不履行合同约定的协助义务的

【答案】A

重点难点专项突破

1. 本考点还可以考核的题目有：

《民法典》规定，发包人（B、C）致使承包人无法施工，经催告后在合理期限内仍未履行相应义务的，承包人可以解除合同。

2. 在知道了施工合同的解除情形有哪些后，还需要知道解除施工后将会产生怎样的法律后果。

《民法典》规定，合同解除后，已经完成的建设工程质量合格的，发包人应当按照约定支付相应的工程价款；已经完成的建设工程质量不合格的，参照施工合同无效的规定处理。

专项突破14　违约责任

例题：违约责任，是指合同当事人因违反合同义务所承担的责任。合同当事人违反合同义务，承担违约责任的种类主要有（　　）。

A. 继续履行【2010年、2019年考过】　　B. 采取补救措施【2013年考过】

C. 停止违约行为【2013年考过】　　D. 赔偿损失【2013年、2019年考过】

E. 支付违约金　　F. 支付定金

G. 排除妨碍　　H. 停止侵害

I. 消除危险　　J. 返还财产

K. 恢复原状　　L. 修理、重作、更换

M. 消除影响、恢复名誉　　N. 赔礼道歉

【答案】A、B、C、D、E、F

重点难点专项突破

1. 本考点还可以考核的题目有：

《民法典》规定，承担民事责任的方式主要有（A、D、E、G、H、I、J、K、L、M、N）。

> 民事责任的承担方式曾经讲过，这里帮助考生回忆一下同时也提醒各位考生注意区分，毕竟两者是有相同项的（继续履行、赔偿损失、支付违约金）。

2. 《民法典》规定，当事人既约定违约金，又约定定金的，一方违约时，对方可以选择适用违约金或者定金条款。

在选择违约金或定金时应遵循"使非违约方获益最大"的原则。下面来看一道典型例题：

设备采购合同约定，任何一方不履行合同应当支付违约金5万元。采购人按照约定向供应商交付定金8万元。合同履行期限届满，供应商未能交付设备，则采购人能获得法院支持的最高请求额是（   ）万元。

A. 5
B. 8
C. 13
D. 16

【答案】D

【分析】就本题而言，如选用违约金条款，采购人可得到5万元＋8万元＝13万元；如选用定金条款，采购人可得到8万元×2倍＝16万元。因此采购人能获得法院支持的最高请求额是16万元。

3. 继续履行可以与违约金、定金、赔偿损失并用，但不能与解除合同的方式并用。这一采分点可能会采用下题的形式来考查：

施工合同当事人向人民法院主张的诉讼请求中，可以得到支持的是（   ）。

A. 解除合同并赔偿损失
B. 继续履行并解除合同
C. 支付违约金和双倍返还定金
D. 确认合同无效并支付违约金

【答案】A

4. 现在来学习本考点最后一个采分点——违约责任的免除。

《民法典》规定，因不可抗力不能履行合同的，根据不可抗力的影响，部分或者全部免除责任，但法律另有规定的除外。当事人迟延履行后发生不可抗力的，不能免除责任。【2009年考过】

来看一下这一采分点会采用怎样的考查形式：

关于违约责任免责的说法，正确的是（   ）。

A. 合同中约定造成对方人身损害的免责条款有效
B. 发生不可抗力后，必然导致全部责任的免除
C. 迟延履行后发生不可抗力的，不免除责任
D. 因不可抗力不能履行合同，不用通知对方

【答案】C

1Z304020 劳动合同及劳动者权益保护制度

专项突破1 劳动合同的种类

例题：《劳动合同法》规定，劳动合同分为（　　　）。

A. 固定期限劳动合同

B. 无固定期限劳动合同【2011年、2015年、2022年考过】

C. 以完成一定工作任务为期限的劳动合同

D. 集体合同

【答案】A、B、C

重点难点专项突破

1. 本考点还可以考核的题目有：

（1）劳动合同双方当事人在劳动合同中明确规定了合同效力的起始和终止的时间的合同是（A）。

（2）用人单位与劳动者约定无确定终止时间的劳动合同属于（B）。

（3）张女士到甲企业工作已满20年，张女士有权要求与甲企业签订（B）。

（4）王先生于1994年进入乙国有企业工作，2013年3月，该企业改制，王先生已年满50岁，此时王先生有权要求与乙企业签订（B）。

（5）在公司已经连续订立两次固定期限劳动合同，但因公负伤不能从事原工作的李某有权要求与公司签订（B）。

（6）用人单位与劳动者约定以某项工作的完成为合同期限的劳动合同属于（C）。

2. D选项为考试时可能会出现的干扰选项。

3. 本考点在历年考试中的考核频次并不高，且都是对应订立无固定期限劳动合同的类型进行的考查，因此本考点应着重记忆这一采分点。

4. 应订立无固定期限劳动合同的情形

用人单位与劳动者协商一致，可以订立无固定期限劳动合同。有下列情形之一，劳动者提出或者同意续订、订立劳动合同的，除劳动者提出订立固定期限劳动合同外，应当订立无固定期限劳动合同：

（1）劳动者在该用人单位连续工作满10年的；【2011年、2022年考过】

（2）用人单位初次实行劳动合同制度或者国有企业改制重新订立劳动合同时，劳动者在该用人单位连续工作满10年且距法定退休年龄不足10年的；【2011年考过】

（3）连续订立两次固定期限劳动合同，且劳动者没有《劳动合同法》第39条和第40条第1项、第2项规定的情形，续订劳动合同的。【2015年、2022年考过】

专项突破2 订立劳动合同应遵循的原则及注意事项

例题：用人单位与劳动者在用工前订立劳动合同的，劳动关系自（　　　）建立。

A．用工之日起   B．用工之日起1个月内【2014年考过】
C．订立合同之日起   D．实际支付工资之日起

【答案】A

重点难点专项突破

1．本考点还可以考核的题目有：

（1）用人单位自（A）即与劳动者建立劳动关系。

（2）《劳动合同法》规定，已建立劳动关系，未同时订立书面劳动合同的，应当自（B）订立书面劳动合同。

2．C、D选项为考试时可能会出现的干扰项。

3．本考点还可能会考查的知识点有：

（1）《劳动合同法》规定，订立劳动合同，应当遵循合法、公平、平等自愿、协商一致、诚实信用的原则。

（2）用人单位招用劳动者，不得扣押劳动者的居民身份证和其他证件，不得要求劳动者提供担保或者以其他名义向劳动者收取财物。【2011年考过】

专项突破3 劳动合同的基本条款

例题：下列合同条款中，属于劳动合同必备条款的是（   ）。【2012年真题题干】

A．用人单位的名称、住所和法定代表人或主要负责人

B．劳动合同期限

C．劳动者的姓名、住址和居民身份证或其他有效身份证件号码

D．工作内容和工作地点

E．工作时间和休息休假

F．劳动报酬【2012年考过】

G．社会保险

H．劳动保护、劳动条件和职业危害防护【2010年考过】

I．试用期限【2014年考过】

J．补充保险【2014年考过】

K．福利待遇

L．保守商业秘密【2014年考过】

【答案】A、B、C、D、E、F、G、H

重点难点专项突破

1．本考点还可以考核的题目有：

下列劳动合同条款中，属于选择条款的有（I、J、K、L）。【2014年真题题干】

2．本考点重在记忆，在做题时可以采用排除法，记住选项性条款后，剩下的就是必备条款。

专项突破4 试用期

例题： 根据《劳动合同法》的规定，劳动合同期限3个月以上不满1年的，试用期（   ）。

A. 不得超过1个月   B. 不得超过2个月【2012年、2020年考过】

C. 不得超过6个月   D. 只能约定1次

E. 不得作出约定   F. 不成立

【答案】A、D

重点难点专项突破

1. 本考点还可以考核的题目有：

（1）根据《劳动合同法》的规定，劳动合同期限1年以上不满3年的，试用期（B、D）。

（2）根据《劳动合同法》的规定，3年以上固定期限和无固定期限的劳动合同，其试用期（C）。

（3）根据《劳动合同法》的规定，以完成一定工作任务为期限的劳动合同，其试用期（E）。

（4）根据《劳动合同法》的规定，劳动合同仅约定试用期的，这一试用期（F）。

（5）根据《劳动合同法》的规定，劳动合同期限不满3个月的，其试用期（E）。

2. 劳动合同的试用期限，考生可参照下表记忆。

劳动合同的试用期限

劳动合同期限	试用期限
3个月~1年	≤1个月
1~3年	≤2个月
>3年	≤6个月

3. 本考点还需要掌握以下要点：

【要点1】试用期应包含在劳动合同期限内。

【要点2】劳动者在试用期的工资不得低于本单位相同岗位最低档工资或者劳动合同约定工资的80%，并不得低于用人单位所在地的最低工资标准。

专项突破5 劳动合同的解除

例题： 根据《劳动合同法》的规定，劳动者可以解除劳动合同的情形有（   ）。

A. 用人单位未按照劳动合同约定提供劳动保护或者劳动条件的

B. 用人单位被依法宣告破产的【2021年考过】

C. 劳动者在试用期间被证明不符合录用条件的【2012年、2017年、2019年考过】

D. 从事接触职业病危害作业的劳动者未进行离岗前职业健康检查的

E. 用人单位未及时足额支付劳动报酬的

F. 劳动者严重违反用人单位的规章制度的【2012年、2019年考过】

G. 劳动者不能胜任工作，经过培训或调整工作岗位，仍不能胜任工作的【2021年考过】

H. 疑似职业病病人在诊断或者医学观察期间的

I. 用人单位被吊销营业执照、责令关闭、撤销或用人单位决定提前解散的

J. 用人单位未依法为劳动者缴纳社会保险费的【2021年考过】

K. 劳动者严重失职，营私舞弊，给用人单位造成重大损害的【2012年考过】

L. 劳动者被依法追究刑事责任的

M. 劳动者在本单位患职业病或因工负伤并被确认丧失或部分丧失劳动能力的【2021年考过】

N. 用人单位的规章制度违反法律、法规的规定，损害劳动者权益的

O. 用人单位违章指挥、强令冒险作业危及劳动者人身安全的【2022年考过】

P. 劳动者患病或非因工负伤，在规定的医疗期满后不能从事原工作，也不能从事由用人单位另行安排的工作的

Q. 劳动者患病或非因工负伤，在规定的医疗期内的【2013年、2020年考过】

R. 用人单位以暴力、威胁或者非法限制人身自由的手段强迫劳动者劳动的【2013年、2022年考过】

S. 劳动合同订立时所依据的客观情况发生重大变化，致使劳动合同无法履行，用人单位与劳动者未能就变更劳动合同内容达成协议的

T. 女职工在孕期、产期、哺乳期的

U. 劳动者同时与其他用人单位建立劳动关系，对完成本单位的工作任务造成严重影响，或者经用人单位提出，拒不改正的【2019年考过】

V. 劳动者在本单位连续工作满15年，且距法定退休年龄不足5年的【2018年考过】

W. 用人单位向劳动者提出解除劳动合同并与劳动者协商一致解除劳动合同的

【答案】A、E、J、N、O、R

重点难点专项突破

1. 本考点还可以考核的题目有：

（1）根据《劳动合同法》的规定，用人单位可以直接解除劳动合同的情形有（C、F、K、L、U）。

（2）根据《劳动合同法》的规定，用人单位提前30日以书面形式通知劳动者本人或者额外支付劳动者1个月工资后，可以解除劳动合同的情形有（G、P、S）。【2015年考过】

（3）根据《劳动合同法》的规定，用人单位不得解除劳动合同的情形有（D、H、M、Q、T、V）。

（4）根据《劳动合同法》的规定，因（A、B、E、G、I、J、N、O、P、R、S、W）等情形终止劳动合同的，用人单位应当向劳动者支付经济补偿。

2. 注意：有O、R选项所述情形发生的，劳动者可以直接解除劳动合同无需提前30日通知用人单位。

3. 劳动者可以单方解除劳动合同的情形主要有两种，对考查要点的归纳总结见下表。

劳动者可单方解除劳动合同的情形

情形	特点	解除情形	是否有经济补偿
预告解除	劳动者自己不想干了，提前通知用人单位后走人	—	无
随时通知解除	用人单位有过错，劳动者通知后走人	A、E、J、N选项	有
立即解除	用人单位有严重过错，劳动者可直接走人	O、R选项	有

4. 用人单位可以单方解除劳动合同的情形主要有两种，对考查要点的归纳总结见下表。

用人单位可单方解除劳动合同的情形

情形	特点	解除情形	是否有经济补偿
预告解除	非劳动者过错的客观原因导致无法再录用劳动者	G、P、S选项	有
立即解除	因劳动者严重过错，导致无法再录用劳动者	C、F、K、L、U选项	无

专项突破6　劳务派遣

项目		内容
显著特征		劳动者的聘用与使用分离
劳务派遣单位		经营劳务派遣业务，应当向劳动行政部门依法申请行政许可；经许可的，依法办理相应的公司登记。未经许可，任何单位和个人不得经营劳务派遣业务。【2015年考过】 劳务派遣单位和用工单位不得向被派遣劳动者收取费用。 用工单位不得将被派遣劳动者再派遣到其他用人单位
用工单位		被派遣劳动者在用工单位因工作遭受事故伤害的，劳务派遣单位应当依法申请工伤认定，用工单位应当协助工伤认定的调查核实工作。劳务派遣单位承担工伤保险责任，但可以与用工单位约定补偿办法【2022年考过】
劳务派遣合同		劳务派遣单位与被派遣劳动者应当订立劳动合同。劳务派遣单位应当与被派遣劳动者订立2年以上的固定期限劳动合同，按月支付劳动报酬
劳务派遣协议	订立主体	劳务派遣单位与用工的单位【2011年考过】
	内容	（1）派遣的工作岗位名称和岗位性质。 （2）工作地点。 （3）派遣人员数量和派遣期限。 （4）按照同工同酬原则确定的劳动报酬数额和支付方式。 （5）社会保险费的数额和支付方式。【2016年考过】 （6）工作时间和休息休假事项。 （7）被派遣劳动者工伤、生育或者患病期间的相关待遇。 （8）劳动安全卫生以及培训事项。 （9）经济补偿等费用。 （10）劳务派遣协议期限。 （11）劳务派遣服务费的支付方式和标准。 （12）违反劳务派遣协议的责任。 （13）法律、法规、规章规定应当纳入劳务派遣协议的其他事项

项目	内容
被派遣劳动者的权利	被派遣劳动者享有与用工单位的劳动者同工同酬的权利
被派遣劳动者的工伤认定	被派遣劳动者在用工单位因工作遭受事故伤害的，劳务派遣单位应当依法申请工伤认定，用工单位应当协助工伤认定的调查核实工作【2018年考过】
被派遣劳动者的退回	用工单位被依法宣告破产、吊销营业执照的，可将被派遣劳动者退回劳务派遣单位。【2017年、2021年考过】 用工单位经营期限届满不再继续经营的，可将被派遣劳动者退回劳务派遣单位。 劳务派遣协议期满终止的，可将被派遣劳动者退回劳务派遣单位

重点难点专项突破

1. 劳务派遣的相关知识在历年考试中属于高频采分点，考生一定要牢记上表中的内容。

2. 本考点可能会这样命题：

（1）根据《劳动合同法》，劳务派遣单位应当与被派遣劳动者订立（　　）以上的固定期限劳动合同。

A. 5年　　　　　　　　　　　　B. 3年

C. 2年　　　　　　　　　　　　D. 1年

【答案】C

（2）关于劳务派遣的说法，正确的有（　　）。

A. 劳务派遣的显著特征是劳动者的聘用与使用分离

B. 经营劳务派遣业务，应当向劳动行政部门依法申请行政许可

C. 实施劳务派遣的，由用工单位与劳动者订立劳动合同

D. 劳务派遣可以在替代性的工作岗位上实施

E. 被派遣劳动者在无工作期间，劳务派遣单位无需向其支付报酬

【答案】A、B、D

专项突破7　劳动者的工作时间、休息休假及工资

例题：《劳动法》规定，国家实行劳动者平均每周工作时间不超过（　　）小时的工时制度。

A. 1　　　　　　　　　　　　B. 8

C. 36　　　　　　　　　　　D. 44

E. 300　　　　　　　　　　F. 3

G. 150　　　　　　　　　　H. 200

【答案】D

重点难点专项突破

1. 本考点还可以考核的题目有：

（1）《劳动法》规定，国家实行劳动者每日工作时间不超过（B）小时的工时制度。

（2）《劳动法》规定，用人单位应当保证劳动者每周至少休息（A）日。

（3）《劳动法》规定，用人单位由于生产经营需要，经与工会和劳动者协商可以延长工作时间，一般每日不得超过（A）小时。

（4）《劳动法》规定，因特殊原因需要延长工作时间的，在保障劳动者身体健康的条件下延长工作时间每日不得超过（F）小时，但是每月不得超过（C）小时。

注意：在发生自然灾害、事故等需要紧急处理，或者生产设备、交通运输线路、公共设施发生故障必须及时抢修等法律、行政法规规定的特殊情况的，延长工作时间不受第（2）（3）题所述的限制。

（5）《劳动法》规定，用人单位安排劳动者延长工作时间的，应支付不低于工资（G）%的工资报酬。

（6）《劳动法》规定，用人单位休息日安排劳动者工作又不能安排补休的，应支付不低于工资（H）%的工资报酬。【2011年考过】

（7）《劳动法》规定，用人单位法定休假日安排劳动者工作的，应支付不低于工资（E）%的工资报酬。【2011年考过】

2. 在学习了劳动者工作时间、休息休假的相关规定后，再来看一下关于劳动者的工资要掌握的知识点有哪些。

（1）工资分配应当遵循按劳分配原则，实行同工同酬。

（2）工资应当以货币形式按月支付给劳动者本人。

（3）不得克扣或者无故拖欠劳动者的工资。

（4）国家实行最低工资保障制度。

（5）用人单位支付劳动者的工资不得低于当地最低工资标准（由省、自治区、直辖市人民政府规定，并应报国务院备案）。【2016年考过】

（6）延长工作时间工资不包括在最低工资内。【2016年考过】

（7）中班、夜班、高温、低温、井下、有毒有害等特殊工作环境、条件下的津贴不包括在最低工资内。【2016年考过】

（8）法律、法规和国家规定的劳动者福利待遇不包括在最低工资内。

3. 关于农民工工资支付的规定应掌握如下要点：

（1）合伙企业、个人独资企业、个体经济组织等用人单位拖欠农民工工资的，应当依法予以清偿；不清偿的，由出资人依法清偿。

（2）总包单位应当在工程施工合同签订之日起30日内开立专用账户，并与建设单位、开户银行签订资金管理三方协议。除法律另有规定外，专用账户资金不得因支付为本项目提供劳动的农民工工资之外的原因被查封、冻结或者划拨。

（3）建设单位应当按工程施工合同约定的数额或者比例等，按时将人工费用拨付到总包单位专用账户。人工费用拨付周期不得超过1个月。

专项突破8　女职工和未成年工的特殊保护

例题：《劳动法》规定，不得安排女职工在经期从事（　　　）。

A．高处、低温、冷水作业　　　　　　　B．延长工作时间

C．夜班劳动　　　　　　　　　　　　　D．过重、有毒、有害作业【2015年考过】

E．矿山井下作业　　　　　　　　　　　F．国家规定的第3级体力劳动强度的劳动

G．国家规定的第4级体力劳动强度的劳动

【答案】 A、E、F、G

重点难点专项突破

1．本考点还可以考核的题目有：

（1）《劳动法》规定，不得安排女职工在怀孕期间从事（E、F、G）和孕期禁忌从事的活动。

（2）《劳动法》规定，对怀孕7个月以上的女职工，不得安排其（B、C、E、F、G）。

（3）《劳动法》规定，不得安排女职工在哺乳未满1周岁的婴儿期间从事（B、C、E、F、G）和哺乳期禁忌从事的其他劳动。

（4）《未成年人保护法》规定，招用已满16周岁未成年人的单位和个人应当执行国家在工种、劳动时间、劳动强度和保护措施等方面的规定，不得安排其从事（D）。

2．根据《未成年人保护法》的规定，未成年人是指未满18周岁的公民。任何组织或者个人不得招用未满16周岁未成年人，国家另有规定的除外。劳动者的年龄考生可通过下图理解：

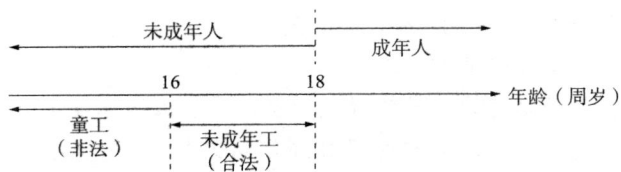

3．本考点还需要掌握以下要点：

【要点1】 女职工生育享受不少于90天的产假。

【要点2】 用人单位应对未成年工定期进行健康检查。【2015年考过】

【要点3】 未成年工上岗前用人单位应对其进行有关的职业安全卫生教育、培训。

提示： 未成年工是指年满16周岁未满18周岁的劳动者。【2010年考过】

专项突破9　劳动者的社会保险

例题： 根据《社会保险法》，国家建立（　　　）等社会保险制度，保障公民享有从国家和社会获得物质帮助的权利。

A．基本养老保险　　　　　　　　　　　B．失业保险

C. 基本医疗保险   D. 工伤保险【2022年考过】

E. 生育保险

【答案】A、B、C、D、E

重点难点专项突破

1. 本考点还可以考核的题目有：

（1）根据《社会保险法》，由用人单位和职工共同缴纳的社会保险制度有（A、B、C）。【2018年考过】

（2）根据《社会保险法》，由用人单位按照国家规定缴纳保险费而职工不缴纳保险费的是（D、E）。【2018年、2022年考过】

2. 本考点除了会对社会保险制度的种类及缴纳主体进行考查外，还可能会对失业保险金的领取条件进行考核，现在就来学习一下：

失业人员符合下列条件的，从失业保险基金中领取失业保险金：

（1）失业前用人单位和本人已经缴纳失业保险费满1年的；

（2）非因本人意愿中断就业的；

（3）已经进行失业登记，并有求职要求的。

专项突破10 劳动争议的解决方式

项目		内容
调解	调解机构	本单位劳动争议调解委员会
	调解机构组成	由职工代表、用人单位代表和工会代表组成。 劳动争议调解委员会主任由工会代表担任
仲裁	仲裁机构	劳动争议仲裁委员会
	仲裁机构组成	由劳动行政部门代表、同级工会代表、用人单位方面的代表组成。【2022年考过】 劳动争议仲裁委员会主任由劳动行政部门代表担任
	申请时效期间	从当事人知道或者应当知道其权利被侵害之日起1年内【2016、2022年考过】
诉讼	诉讼机构	人民法院
	适用前提	劳动争议当事人对仲裁裁决不服
	申请时效期间	自收到仲裁裁决书之日起15日内

重点难点专项突破

1. 在劳动争议的解决方式中，能够适用调解原则的有：仲裁和诉讼。

2. 牢记：劳动争议申请仲裁的时效期间为1年，从当事人知道或应当知道其权利被侵害之日起计算。【2016年考过】

3. 劳动争议调解委员会与劳动争议仲裁委员会在组成上有何区别呢？相信下面这个表能够为考生解答。

劳动争议调解委员会	劳动争议仲裁委员会
职工、用人单位以及工会的代表（任主任）	劳动行政部门（任主任）、同级工会及用人单位的代表 【2010年、2014年、2022年考过】

4. 本考点可能会这样命题：

（1）关于劳动争议解决方式的说法，正确的是（   ）。

A. 用人单位与劳动者发生劳动争议的，劳动者应当先申请本单位劳动争议调解委员会调解

B. 企业劳动争议调解委员会由职工代表、用人单位代表、工会代表、劳动行政部门代表组成

C. 用人单位与劳动者发生劳动争议，劳动者可以依法申请调解、仲裁、提起诉讼，也可以自行和解

D. 用人单位与劳动者发生劳动争议的，可以向劳动者住所地的仲裁委员会申请仲裁

【答案】C

（2）某建筑企业的劳动争议调解委员会应由（   ）组成。

A. 企业的法定代表人与劳动行政部门的代表

B. 企业的工会代表与劳动行政部门的代表

C. 企业的职工代表和企业代表

D. 企业的职工代表、企业代表和劳动行政部门的代表

【答案】C

（3）根据《劳动争议调解仲裁法》的规定，劳动争议申请仲裁的时效期限为（   ），仲裁时效期间从当事人知道或者应当知道其权利被侵害之日起计算。

A. 2个月　　　　　　　　　　B. 6个月

C. 1年　　　　　　　　　　　D. 2年

【答案】C

1Z304030　相关合同制度

专项突破1　承揽合同

例题：《民法典》规定，承揽合同是承揽人按照定作人的要求完成工作，交付工作成果，定作人支付报酬的合同。承揽合同中，承揽人的义务包括（   ）。

A. 按照合同约定完成承揽工作　　　B. 检验材料

C. 通知和保密【2015年、2018年考过】　D. 妥善保管工作成果

E. 接受监督检查　　　　　　　　　F. 交付符合质量要求的工作成果

G. 按照约定提供材料　　　　　　　H. 提供协助工作

I. 支付报酬【2014年考过】　　　　J. 依法赔偿损失【2011年、2013年考过】

K. 验收工作成果

【答案】A、B、C、D、E、F

重点难点专项突破

1. 本考点还可以考核的题目有：

《民法典》规定，承揽合同中，定作人的义务包括（G、H、I、J、K）。

2. 上述例题的题干部分包含一个可考采分点——承揽合同的概念，这一采分点可能会考查以下题目：

某工程项目建设过程中，发包人与机械厂签订了加工非标准的大型管道叉管的合同，并提供了制作叉管的钢模，根据《民法典》，该合同属于（　　）合同。

A. 委托 B. 承揽
C. 施工承包 D. 信托

【答案】B

3. 现在来学习本考点的第二个采分点——承揽合同的特征。

（1）承揽合同以完成一定的工作并交付工作成果为标的。

（2）承揽人须以自己的设备、技术和劳力完成所承揽的工作。**【2014年、2022年考过】**

> 提问：承揽工作是不是必须由承揽人自己完成？
>
> 答：这里需要区分主要工作与辅助工作。
>
> 对于主要工作：除当事人另有约定的外，承揽人应当以自己的设备、技术和劳力完成。经定作人同意的，承揽人也应就第三人完成的工作成果向定作人负责。**【2011年、2022年考过】**
>
> 对于辅助工作：承揽人有权将其交由第三人完成，应当就第三人完成的工作成果向定作人负责。**【2022年考过】**

（3）承揽人工作具有独立性。

承揽人在完成工作过程中，不受定作人的指挥管理，独立承担完成合同约定的质量、数量、期限等责任。承揽人在工作期间，应当接受定作人必要的监督检验，但定作人不得因监督检验妨碍承揽人的正常工作。**【2022年考过】**

4. 再来看本考点最重要的一个采分点——承揽合同的解除。

在承揽合同中，承揽人与定作人均可解除合同，来看一下解除情形都有哪些。

承揽合同的解除

合同主体	解除情形
承揽人	定作人不履行协助义务致使承揽工作不能完成的，承揽人可以催告定作人在合理期限内履行义务，并可以顺延履行期限；定作人逾期不履行的，承揽人可以依法解除合同
定作人	未经定作人同意，承揽人将其承揽的主要工作交由第三人完成的，定作人可以解除合同
	定作人可以随时解除承揽合同，造成承揽人损失的，应当赔偿损失**【2017年、2019年、2020年考过】**

5. 知识拓展。

施工合同与承揽合同在工程分包方面的区别，见下表。

施工合同	承揽合同
主体不得分包	主要工作可以转让（需经定作人同意）
总承包单位与分包单位就分包工程对建设单位承担连带责任	第三人（相当于分包人）不对定作人负责

专项突破2　买卖合同当事人的权利义务

例题：《民法典》规定，买卖合同是出卖人转移标的物的所有权于买受人，买受人支付价款的合同。在买卖合同中，出卖人的主要义务包括（　　）。

A. 按照合同约定交付标的物【2018年考过】

B. 转移标的物所有权【2018年考过】

C. 瑕疵担保【2018年考过】

D. 按照约定支付价款

E. 受领标的物

F. 在约定的检验期间内检验收到的标的物

G. 发现标的物的数量或质量不符合约定后及时通知

【答案】A、B、C

重点难点专项突破

1. 本考点还可以考核的题目有：

《民法典》规定，买卖合同中，买受人的义务包括（D、E、F、G）。

2. 来了解一下买卖合同的法律特征：

（1）买卖合同是有偿、双务、诺成合同；

（2）买卖合同是一种转移财产所有权的合同。

3. A选项中的"交付标的物"需要考生掌握交付标的物的方式都有哪些，具体见专项突破3。

4. 买卖合同生效后，当事人就质量没有约定或者约定不明确的，应当如何处理呢？

① 协议补充。（如不能达成→②）

② 按照合同相关条款或者交易习惯确定。（如无法确定→③）

③ 按照强制性国家标准、行业标准履行。（如果没有→④）

④ 按照推荐性国家标准履行。（如果没有→⑤）

⑤ 按照通常标准或者符合合同目的的特定标准履行。

这一采分点可能会考查以下题目：

合同生效后，当事人就质量没有约定或者约定不明确的，可以采用的确定相关内容方式有：① 按照交易习惯确定；② 签订补充协议；③ 按合同法其他相关规定执行。

三种方式正确的先后顺序是（　　　）。

  A. ②①③   B. ①②③

  C. ③②①   D. ②③①

【答案】A

5. 再来思考一个问题：买卖合同买受人对价款数额没有约定或者约定不明确的，应如何处理呢？

  ① 协议补充。（如不能达成→②）

  ② 按照合同有关条款或者交易习惯确定。（如无法确定→③）

  ③ 按照订立合同时履行地的市场价格履行；依法应当执行政府定价或者政府指导价的，按照规定履行。【2010年考过】

> 对于执行政府定价或政府指导价的：
>
> ① 在合同约定的交付期限内政府价格调整时，按照交付时的价格计价。
>
> ② 逾期交付标的物的：遇价格上涨时按原价格；遇价格下降时按新价格。
>
> ③ 逾期提取标的物或者逾期付款的：遇价格上涨时按新价格；遇价格下降时按原价格。
>
> 记忆技巧：有违约行为的，按照不利于违法方的方式执行。

专项突破3　买卖合同中标的物的交付方式

  例题：在买卖合同中，标的物在订立合同之前已为买受人占有，合同生效即视为完成交付的方式，称为（　　　）。【2019年真题题干】

  A. 现实交付   B. 简易交付【2019年、2022年考过】

  C. 占有改定   D. 指示交付【2017年考过】

  E. 拟制交付【2013年考过】

【答案】B

> **重点难点专项突破**
>
> 本考点还可以考核的题目有：
>
> （1）在买卖合同中，标的物由出卖人直接交付给买受人的交付方式，称为（A）。
>
> （2）在买卖合同中，买卖双方特别约定，合同生效后标的物仍然由出卖人继续占有，但其所有权已完成法律上的转移。这一标的物的交付方式是（C）。
>
> （3）买卖合同成立时，标的物为第三人合法占有，买受人取得了返还标的物请求权，这一交付方式是（D）。
>
> （4）某设备租赁公司将一台已经出租给某劳务公司的钢筋切割机转让给某施工企业，该切割机租赁还有3个月到期。转让合同约定当切割机租赁期限结束时劳务公司将其交付给该施工企业。该买卖合同中切割机的交付方式为（D）。【2017年真题题干】

（5）出卖人将标的物的权利凭证交给买受人，以替代标的物的现实交付，该种交付方式称为（E）。【2013年真题题干】

（6）在买卖合同中，标的物的交付方式有（A、B、C、D、E）。

专项突破4　买卖合同标的物毁损灭失风险的承担

例题： 根据《民法典》的规定，买卖合同标的物毁损、灭失的风险，在标的物交付之前由（　　）承担。【2019年考过】

A. 出卖人　　　　　　　　　　B. 买受人

C. 承运人　　　　　　　　　　D. 第三人

【答案】A

重点难点专项突破

1. 本考点还可以考核的题目有：

（1）根据《民法典》的规定，买卖合同标的物毁损、灭失的风险，在标的物交付之后由（B）承担。【2016年、2019年考过】

（2）根据《民法典》的规定，买卖合同因买受人的原因致使标的物不能按照约定的期限交付的，（B）应当自违反约定时起承担标的物毁损、灭失的风险。【2020年考过】

（3）根据《民法典》的规定，买卖合同的出卖人出卖交由承运人运输的在途标的物，除当事人另有约定的以外，毁损、灭失的风险自合同成立时起由（B）承担。【2015年考过】

> 注意：如果在合同成立时出卖人知道或者应当知道标的物已经毁损、灭失却未告知买受人的，出卖人应当负担标的物毁损、灭失的风险。

（4）根据《民法典》的规定，对于买卖合同需要运输的标的物，当事人没有约定交付地点或者约定不明确，出卖人将标的物交付给第一承运人后，标的物毁损、灭失的风险由（B）承担。【2020年考过】

（5）根据《民法典》的规定，买卖合同中的出卖人依约将标的物置于交付地点，买受人违反约定没有收取的，标的物毁损、灭失的风险自违反约定时起由（B）承担。

（6）根据《合同法》的规定，因标的物质量不符合质量要求，买受人拒绝接受标的物或者解除合同的，标的物毁损、灭失的风险由（A）承担。【2011年考过】

2. D选项为考试时可能会出现的干扰项。

3. 关于时限的起算时间，很可能会以单项选择题的形式来单独考查，也需要考生掌握。

4. 消费者因检查商品的必要对商品进行拆封查验且不影响商品完好，电子商务经营者以商品已拆封为由主张不适用《消费者权益保护法》第25条规定的无理由退货制度的，人民法院不予支持，但法律另有规定的除外。

专项突破5　孳息的归属和买卖合同的解除

项目	内容
孳息的归属	标的物在交付之前产生的孳息，归出卖人所有。【2022年考过】 交付之后产生的孳息，归买受人所有
买卖合同的解除	（1）因标的物的主物不符合约定而解除合同的，解除合同的效力及于从物。 （2）标的物为数物，其中一物不符合约定的，买受人可以就该物解除，但是，该物与他物分离使标的物的价值显受损害的，买受人可以就数物解除合同。【2022年考过】 （3）出卖人不交付其中一批标的物或者交付不符合约定，致使之后其他各批标的物的交付不能实现合同目的的，买受人可以就该批以及之后其他各批的物解除。 （4）买受人如果就其中一批标的物解除，该批标的物与其他各批标的物相互依存的，可以就已经交付和未交付的各批标的物解除。【2022年考过】 （5）分期付款的买受人未支付到期价款的数额达到全部价款的五分之一，经催告后在合理期限内仍未支付到期价款的，出卖人可以请求买受人支付全部价款或者解除合同【2022年考过】

重点难点专项突破

1. 关于买卖合同解除的上述要点，理解方法：可以部分解除便能解决问题的，部分解除即可。对其他相互依存的部分或致使之后其他各批标的物的交付不能实现合同目的的，才批量解除。

2. 五分之一的限制也是考核的要点。

3. 本考点的命题方式易为：关于买卖合同的解除的说法，正确/错误的是（　　　）。

专项突破6　借款合同

例题：《民法典》规定，借款合同是借款人向贷款人借款，到期返还借款并支付利息的合同。下列属于借款合同中的贷款人义务的是（　　　）。

A. 按照合同约定提供借款

B. 借款的利息不得预先在本金中扣除【2013年考过】

C. 按照要求提供与借款有关的业务活动和财务状况的真实情况

D. 按照约定定期提供有关财务会计报表等资料

E. 按照约定的期限支付利息

F. 按照约定收取借款

G. 按照约定用途使用借款【2013年考过】

H. 按期归还本金

【答案】A、B

重点难点专项突破

1. 本考点还可以考核的题目有：

根据《民法典》的规定，借款合同中，借款人的义务包括（C、D、E、F、G、H）。

------

2. 下面来看一下借款合同的法律特征：

（1）借款合同的标的物是货币。

（2）借款合同一般为要式合同（书面形式），但自然人之间借款另有约定的除外。

（3）借款合同原则上为有偿合同，也可以是无偿合同。

3. 本考点还需要掌握以下要点：

【要点1】自然人之间的借款合同，自贷款人提供借款时成立。

【要点2】借款合同对支付利息没有约定的，视为没有利息。借款合同对支付利息约定不明确，当事人不能达成补充协议的，按照当地或者当事人的交易方式、交易习惯、市场利率等因素确定利息；自然人之间借款的，视为没有利息。自然人之间的借款合同约定支付利息的，借款的利率不得违反国家有关限制借款利率的规定。

【要点3】《最高人民法院关于审理民间借贷案件适用法律若干问题的规定》规定，出借人请求借款人按照合同约定利率支付利息的，人民法院应予支持，但是双方约定的利率超过合同成立时1年期贷款市场报价利率4倍的除外。

下面来看两道典型题目：

（1）关于借款合同，说法正确的是（　　）。

A. 自然人之间的借款合同应当采用书面形式

B. 借款的利息可以预先在本金中扣除

C. 自然人之间的借款合同，自贷款人提供借款时成立

D. 借款人未按照约定的借款用途使用借款的，贷款人可以停止发放借款，但不得解除合同

【答案】C

（2）关于借款合同利息的说法，正确的是（　　）。

A. 借款的利息可以预先在本金中扣除

B. 对支付利息的期限没有约定的，应当在返还借款时一并支付

C. 借款合同对支付利息方式没有约定的，视为没有利息

D. 借款人提前返还借款的，应当按照借款合同约定的期间支付利息

【答案】C

专项突破7　租赁合同当事人的权利义务

例题：《民法典》规定，租赁合同是出租人将租赁物交付承租人使用、收益，承租人支付租金的合同。租赁合同中，出租人的义务包括（　　）。

A. 交付出租物　　　　　　　　　　　B. 维修租赁物

C. 权利瑕疵担保　　　　　　　　　　D. 物的瑕疵担保

E. 保证承租人优先购买权　　　　　　F. 保证共同居住人继续承租

G. 支付租金　　　　　　　　　　　　H. 按照约定使用租赁物

I. 妥善保管租赁物　　　　　　　　　J. 第三人主张权利通知

K. 返还租赁物　　　　　　　　　　　L. 损失赔偿

【答案】A、B、C、D、E、F

专项突破8 租赁合同的类型

例题: 租赁合同根据租赁标的物不同,可分为(　　　)。

A. 动产租赁合同
B. 不动产租赁合同
C. 定期租赁合同
D. 不定期租赁合同

【答案】A、B

C. 租赁合同应当采用书面形式

D. 定期租赁合同期限届满，承租人继续使用租赁物，出租人没有提出异议的，原租赁合同继续有效，租赁期限为原租赁合同的期限

【答案】B

（2）关于租赁合同的说法，正确的是（　　）。【2020年真题】

A. 租赁期限超过6个月的，可以采用书面形式

B. 租赁合同应当采用书面形式，当事人未采用的，视为租赁合同未生效

C. 租赁期限超过20年的，超过部分无效

D. 租赁物在租赁期间发生所有权变动的，租赁合同解除

【答案】C

专项突破9　融资租赁合同

例题：《民法典》规定，融资租赁合同是出租人根据承租人对出卖人、租赁物的选择，向出卖人购买租赁物，提供给承租人使用，承租人支付租金的合同。融资租赁合同中出租人的义务主要包括（　　）。【2016年考过】

A. 向出卖人支付价金

B. 保证承租人对租赁物占有和使用

C. 协助承租人索赔

D. 尊重承租人选择权

E. 向承租人交付标的物

F. 标的物的瑕疵担保

G. 支付租金

H. 妥善保管和使用租赁物

I. 租赁期限届满返还租赁物

【答案】A、B、C、D

重点难点专项突破

1. 本考点还可以考核的题目有：

（1）融资租赁合同中，出卖人的义务主要包括（E、F）。

（2）融资租赁合同中，承租人的主要义务包括（G、H、I）。

2. 通过融资租赁合同的概念可知融资租赁合同具有三方主体，三者间的关系，如下图所示。

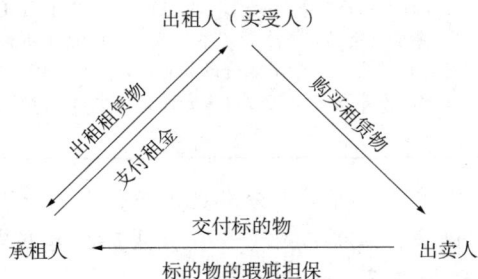

3. 还要注意区分融资租赁合同三方主体的义务，下面来看一道典型例题：

甲公司根据乙公司的选择，向丙公司购买了1台大型设备，出租给乙使用。乙在该

设备安装完毕后，发现不能正常运行，关于该合同的说法，正确的是（　　）。

    A. 甲应当对乙承担违约责任

    B. 若乙破产，该大型设备属于乙的破产财产

    C. 乙可以基于设备质量瑕疵而直接向丙索赔

    D. 租赁期满，乙取得该设备的所有权

【答案】C

【分析】融资租赁合同涉及出租人、出卖人和承租人三方主体。通常的做法是，承租人要求出租人为其融资购买所需的租赁物，由出租人向出卖人支付价款，并由出卖人向承租人交付租赁物及承担瑕疵担保义务，而承租人仅向出租人支付租金而无需向出卖人承担义务。出卖人应向承租人承担瑕疵担保义务，因此乙可以基于设备质量瑕疵而直接向丙索赔。

4. 本考点还需要掌握以下知识点：

（1）出租人、出卖人、承租人可以约定，出卖人不履行买卖合同义务的，由承租人行使索赔的权利。【2021年考过】

（2）《民法典》规定，出卖人违反向承租人交付标的物的义务，有下列情形之一的，承租人可以拒绝受领出卖人向其交付的标的物：① 标的物严重不符合约定；② 未按照约定交付标的物，经承租人或者出租人催告后在合理期限内仍未交付。承租人拒绝受领标的物的，应当及时通知出租人。【2021年考过】

专项突破10　货运合同的法律特征

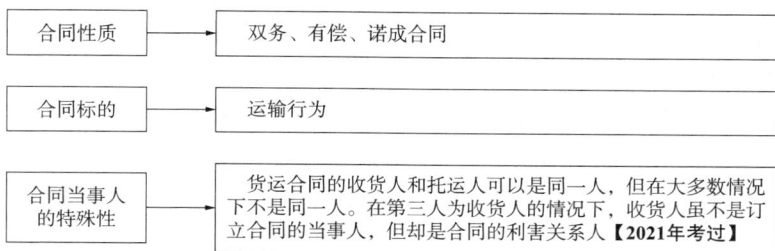

合同性质	→	双务、有偿、诺成合同
合同标的	→	运输行为
合同当事人的特殊性	→	货运合同的收货人和托运人可以是同一人，但在大多数情况下不是同一人。在第三人为收货人的情况下，收货人虽不是订立合同的当事人，但却是合同的利害关系人【2021年考过】

重点难点专项突破

1. 本考点通常会以说法正确与否的方式提问。

2. 本考点可能会这样命题：

关于货运合同法律特征的说法，正确的是（　　）

A. 货运合同是单务、有偿合同

B. 货运合同是实践合同

C. 货运合同的收货人和托运人可以是同一人，也可以不是同一人

D. 货运合同的标的是货物

【答案】C

专项突破11 货运合同当事人的权利义务

例题：货运合同中，承运人的主要权利包括（   ）。

A．请求赔偿

B．特殊情况下留置运输货物【2010年考过】

C．特殊情况拒绝运输货物

D．运送货物

E．及时通知提领货物

F．按指示运输

G．货物毁损灭失的赔偿

H．因不可抗力灭失货物不得要求支付运费【2019年考过】

I．有条件的拒绝支付增加部分的运输费用

J．任意变更解除

K．要求中止运输、返还货物、变更到达地或将货物交给其他收货人

L．支付运费

M．妥善包装

N．告知货物的名称、性质、重量、数量、收货地点等有关货物运输的必要情况

O．提货验收

【答案】A、B、C

重点难点专项突破

1．本考点还可以考核的题目有：

（1）货运合同中，承运人的主要义务包括（D、E、F、G、H）。

（2）货运合同中，托运人的主要权利包括（I、J、K）。

（3）货运合同中，托运人的主要义务包括（L、M、N）。

（4）货运合同中，收货人的主要权利包括（I）。

（5）货运合同中，收货人的主要义务包括（O）。

2．再来看本考点另一个重要的采分点——多式联运合同。

多式联运是指由两种及其以上的交通工具相互衔接、转运而共同完成的运输过程。关于多式联运需掌握以下内容：

多式联运经营人	（1）负责履行或者组织履行多式联运合同，对全程运输享有承运人的权利，承担承运人的义务。 （2）可以与参加多式联运的各区段承运人就多式联运合同的各区段运输约定相互之间的责任，但该约定不影响多式联运经营人对全程运输承担的义务
多式联运单据	（1）多式联运经营人收到托运人交付的货物时，应当签发多式联运单据。 （2）按照托运人的要求，多式联运单据可以是可转让单据，也可以是不可转让单据

这一采分点的考查题型如下：

关于货运中的多式联运的说法，正确的是（   ）。【2019年真题】

专项突破 12　仓储合同

例题：《民法典》规定，仓储合同是保管人储存存货人交付的仓储物，存货人支付仓储费的合同。仓储合同中，保管人的义务包括（　　　）。

A. 按照约定对入库仓储物进行验收

B. 出具仓单

C. 允许检查或提取样品

D. 发现入库仓储物有变质或其他损坏的，及时通知存货人或者仓单持有人【2019年考过】

E. 催告或做出必要处置

F. 因保管不善造成仓储物毁损、灭失的，应承担损害赔偿责任【2019年考过】

G. 支付仓储费用

H. 储存易燃、易爆、有毒、有腐蚀性、有放射性等危险物品或易变质物品时，应说明该物品的性质

I. 按时提取仓储物

【答案】A、B、C、D、E、F

重点难点专项突破

1. 本考点还可以考核的题目有：

根据《合同法》的规定，仓储合同中，存货人的义务包括（G、H、I）。

2. 按照约定对入库仓储物进行验收（A选项）是保管人的义务，当保管人对入库仓储物进行验收时，发现入库仓储物与约定不符合的，应当及时通知存货人。【2019年考过】

3. 关于B选项还应掌握：存货人或者仓单持有人在仓单上背书并经保管人签名或者盖章的，可以转让提取仓储物的权利。【2022年考过】

4. F选项有一个例外情形：因仓储物的性质、包装不符合约定或者超过有效储存期造成仓储物变质、损坏的，保管人不承担赔偿责任。【2022年考过】

5. 关于仓储合同共有两个采分点：一是仓储合同当事人的义务；二是仓储合同的特征。第一个采分点上文已经讲解过了，下面来学习一下仓储合同的第二个采分点。

仓储合同是一种特殊的保管合同，具有如下法律特征：

① 仓储合同自成立时生效，不以仓储物是否交付为要件。（这是区别于保管合同的显著特征）

② 仓储合同保管的对象必须是动产。

③ 仓储合同是双务、有偿合同。

专项突破 13　委托合同的特征及终止

项目	内容
法律特征	（1）委托合同是一种典型的提供劳务的合同。 （2）委托的事务可以是法律行为，也可以是事实行为。 （3）委托合同可以是有偿合同，也可以是无偿合同
终止	委托人或者受托人可以随时解除委托合同。【2021年考过】 　委托人或者受托人死亡、丧失民事行为能力或者破产的，委托合同终止，但当事人另有约定或者根据委托事务的性质不宜终止的除外。 　因委托人死亡、丧失民事行为能力或者破产，致使委托合同终止将损害委托人利益的，在委托人的继承人、法定代理人或者清算组织承受委托事务之前，受托人应当继续处理委托事务。【2021年考过】 　因受托人死亡、丧失民事行为能力或者破产，致使委托合同终止的，受托人的继承人、法定代理人或者清算组织应当及时通知委托人

重点难点专项突破

1. 本考点只在2021年考查了一道单项选择题，记住上表中的内容即可。

2. 本考点可能会这样命题：

关于委托合同法律特征的说法，正确的是（　　　）。

A. 应当是有偿合同　　　　　　　　B. 委托事务只能是法律行为

C. 受托人不得转委托　　　　　　　D. 是一种典型的提供劳务的合同

【答案】D

专项突破 14　委托合同当事人的权利义务

例题：《民法典》规定，委托合同是委托人和受托人约定，由受托人处理委托人事务的合同。委托合同中，委托人的义务包括（　　　）。

A. 预付处理委托事务的费用　　　　B. 支付报酬

C. 赔偿损失　　　　　　　　　　　D. 按指示处理委托事务

E. 亲自处理委托事务　　　　　　　F. 委托事务报告

G. 转交财产　　　　　　　　　　　H. 披露委托人或第三人

【答案】A、B、C

重点难点专项突破

1. 本考点还可以考核的题目有：

委托合同中，受托人的义务包括（C、D、E、F、G、H）。

2. 大家思考一个问题：委托合同中的受托人是不是一定要亲自处理委托事务？

受托人应当亲自处理委托事务。经委托人同意，受托人可以转委托。转委托经同意或者追认的，委托人可以就委托事务直接指示转委托的第三人，受托人仅就第三人的选任及其对第三人的指示承担责任。转委托未经同意或者追认的，受托人应当对转委托的第三人的行为承担责任，但在紧急情况下受托人为了维护委托人的利益需要转委托第三人的除外。

再来看一下，这一采分点会采用怎样的考查形式：

甲委托乙采购一种新材料并签订了材料采购委托合同，经甲同意，乙将新材料采购事务转委托给丙。关于该转委托中责任承担的说法，正确的是（　　　）。

A. 乙对丙的行为承担责任

B. 甲与乙对丙的行为承担连带责任

C. 乙仅对丙的选任及其对丙的指示承担责任

D. 乙对丙的选任及其对丙的指示，由甲与乙承担连带责任

【答案】C

1Z305000　建设工程施工环境保护、节约能源和文物保护法律制度

1Z305010　施工现场环境保护制度

专项突破1　施工现场环境噪声污染的防治

例题：根据《建筑施工场界环境噪声排放标准》GB 12523—2011的规定，建筑施工场界昼间环境噪声排放限值为（　　）dB（A）。

A. 55【2022年考过】　　　　　　　　B. 70【2022年考过】

C. 15【2010年考过】　　　　　　　　D. 25

【答案】B

```
重点难点专项突破

1. 本考点还可以考核的题目有：

（1）根据《建筑施工场界环境噪声排放标准》GB 12523—2011的规定，建筑施工场界夜间环境噪声排放限值为（A）dB（A）。

┌─────────────────────────────────────────────────────────────┐
│ 　注意："昼间"是指6：00至22：00之间的时段；"夜间"是指22：00至次日6：00│
│ 之间的时段。【2021年考过】                                      │
└─────────────────────────────────────────────────────────────┘

（2）根据《建筑施工场界环境噪声排放标准》GB 12523—2011的规定，夜间噪声最大声级超过限值的幅度不得高于（C）dB（A）。

2. C、D选项为考试时可能会出现的干扰选项。

3. 再来看一个非常重要的采分点——禁止夜间进行产生噪声污染施工作业的规定。

在噪声敏感建筑物集中区域，禁止夜间进行产生噪声的建筑施工作业，但抢修、抢险作业，因生产工艺要求或者其他特殊需要必须连续施工作业的除外。因特殊需要必须连续施工作业的，应当取得地方人民政府住房和城乡建设、生态环境主管部门或者地方人民政府指定的部门的证明，并在施工现场显著位置公示或者以其他方式公告附近居民。【2013年、2015年】

本考点的题干易设置为如下两种：

（1）在噪声敏感建筑物集中区域进行可能造成噪声污染的施工作业，下列说法正确的是（　　）。
```

（2）根据《噪声污染防治法》，在噪声敏感建筑物集中区域，禁止夜间进行产生噪声的建筑施工作业，但（　　　）情形除外。

专项突破2　建设项目噪声污染的防治

项目	内容
环境影响评价	新建、改建、扩建可能产生噪声污染的建设项目，应当依法进行环境影响评价
"三同时"	建设项目的噪声污染防治设施应当与主体工程同时设计、同时施工、同时投产使用【2010年、2011年考过】
验收	建设项目在投入生产或者使用之前，建设单位应当依照有关法律法规的规定，对配套建设的噪声污染防治设施进行验收，编制验收报告，并向社会公开。 未经验收或者验收不合格的，该建设项目不得投入生产或者使用

重点难点专项突破

1. 在考查"同时设计、同时施工、同时投产使用"时，可能会将"同时立项""同时竣工""同时招标"作为干扰项。
2. 本考点可能会这样命题：
建设项目中防治污染的设施，必须与主体工程（　　　）。

A. 同时招标　　　　　　　　B. 同时竣工
C. 同时设计　　　　　　　　D. 同时施工
E. 同时投产使用
【答案】C、D、E

专项突破3　施工现场水污染的防治

项目	内容
禁止排放	禁止向水体排放油类、酸液、碱液或者剧毒废液。 禁止向水体排放、倾倒工业废渣、城镇垃圾和其他废弃物。 禁止利用渗井、渗坑、裂隙、溶洞，私设暗管，篡改、伪造监测数据，或者不正常运行水污染防治设施等逃避监管的方式排放水污染物。 禁止利用无防渗漏措施的沟渠、坑塘等输送或者存贮含有毒污染物的废水、含病原体的污水和其他废弃物【2017年考过】
排水许可证	各类施工作业需要排水的，由建设单位申请领取排水许可证。 因施工作业需要向城镇排水设施排水的，排水许可证的有效期，由城镇排水主管部门根据排水状况确定，但不得超过施工期限【2018年考过】
防护措施	兴建地下工程设施或者进行地下勘探、采矿等活动，应当采取防护性措施，防止地下水污染。 人工回灌补给地下水，不得恶化地下水质
不得收取费用	城镇排水主管部门实施排水许可不得收费【2016年考过】
发生事故或者其他突发性事件的规定	企事业单位发生事故或者其他突发性事件，造成水污染事故的，应立即启动本单位的应急方案，采取应急措施，并向事故发生地的县级以上地方人民政府或者环境保护主管部门报告【2015年考过】

1. 关于施工现场水污染防治措施的可考采分点很多，要将其作为重点内容来备考。

2. 排水户不得有哪些危及城镇排水设施安全的行为？【2022年考过】

答：（1）向城镇排水设施排放、倾倒剧毒、易燃易爆物质、腐蚀性废液和废渣、有害气体和烹饪油烟等。

（2）堵塞城镇排水设施或者向城镇排水设施内排放、倾倒垃圾、渣土、施工泥浆、油脂、污泥等易堵塞物。

（3）擅自拆卸、移动和穿凿城镇排水设施。

（4）擅自向城镇排水设施加压排放污水。

3. 本考点可能会这样命题：

关于向城镇排水设施排放污水的说法正确的是（　　）。

A. 各类施工作业需要排水的，由施工企业申请领取排水许可证

B. 城镇排水主管部门实施排水许可不得收费

C. 施工作业排水许可证的有效期，由建设行政主管部门根据工期确定

D. 排水户应当按实际需要的排水类别、总量排放污水

【答案】B

专项突破4　施工现场固体废物的污染防治

例题： 根据《绿色施工导则》，建筑垃圾的再利用和回收率力争达到（　　）。

A. 30%【2020年考过】

B. 40%

C. 50%

D. 60%

【答案】A

1. 本考点还可以考核的题目有：

（1）根据《绿色施工导则》，加强建筑垃圾的回收再利用，力争建筑物拆除产生的废弃物的再利用和回收率大于（B）。

（2）根据《绿色施工导则》，对于碎石类、土石方类建筑垃圾，可采用地基填埋、铺路等方式提高再利用率，力争再利用率大于（C）。

2. D选项为考试时可能会出现的干扰项。

3. 以上是关于施工现场固体废物污染防治所有数字类的采分点，除了以上采分点外应掌握下表中的相关内容：

项目		内容
一般固体废物污染环境的防治	转移固体废物	转移固体废物出省、自治区、直辖市行政区域贮存、处置的应当符合如下两点： （1）向移出地的省、自治区、直辖市人民政府生态环境主管部门提出申请。【2021年考过】 （2）移出地的主管部门商经省、自治区、直辖市人民政府生态环境主管部门同意【2017年、2019年考过】
	运输	施工单位不得将建筑垃圾交给个人或者未经核准从事建筑垃圾运输的单位运输。【2019年、2021年考过】 处置建筑垃圾的单位在运输建筑垃圾时，应当随车携带建筑垃圾处置核准文件【2019年、2021年考过】
危险废物污染环境防治的特别规定	危险废物识别标志	必须设置危险废物识别标志： （1）危险废物的容器和包装物。 （2）收集、贮存、运输、处置危险废物的设施、场所。 以填埋方式处置危险废物不符合国务院环境保护行政主管部门规定的，应当缴纳危险废物排污费
	危险废物的收集、贮存、运输、处置	从事收集、贮存、利用、处置危险废物经营活动的单位，应当按照国家有关规定申请取得许可证。 禁止将危险废物与旅客在同一运输工具上载运。 收集、贮存、运输、处置危险废物的场所、设施、设备和容器、包装物及其他物品转作他用时，必须经过消除污染的处理，方可使用

危险废物污染环境防治的特别规定需要重点记忆，这一采分点可能会采用下题的形式考查：

关于危险废物污染环境防治，说法正确的是（　　　　）。

A. 危险废物的容器和包装物应当根据实际需要设置危险废物识别标志

B. 从事危险废物经营活动的单位，应当按照国家有关规定申请取得许可证

C. 将危险废物与旅客在同一运输工具上运载的，应当按照国家有关规定申请取得许可证

D. 危险废物的容器和包装物转作他用时，应当经行政主管部门批准

【答案】B

1Z305020　施工节约能源制度

专项突破1　合理使用与节约能源的一般规定

项目	内容
节能的产业政策	（1）限制发展高耗能、高污染行业，发展节能环保型产业。 （2）对落后的耗能过高的用能产品、设备和生产工艺实行淘汰制度。 （3）鼓励企业制定的节能标准严于国家标准、行业标准
用能单位的法定义务	（1）按照合理用能的原则，加强节能管理，制定并实施节能计划和措施，降低能源消耗。 （2）用能单位应当建立节能目标责任制。 （3）加强能源计量管理，使用合格的能源计量器具。【2013年考过】

项目	内容
用能单位的 法定义务	（4）建立能源消费统计和能源利用状况分析制度，对各类能源的消费实行分类计量和统计。【2013年考过】 （5）任何单位不得对能源消费实行包费制。【2013年、2020年考过】 （6）用能单位应建立节能目标责任制，对节能工作取得成绩的集体、个人给予奖励。【2020年考过】 （7）用能单位应定期开展节能教育和岗位节能培训【2020年考过】

重点难点专项突破

1. 用能单位的法定义务是很重要的采分点，今后再次考查的可能性很大。

2. 牢记：四节一环保是指节能、节地、节水、节材和环境保护。【2022年考过】

3. 本考点可能会这样命题：

（1）根据《绿色施工导则》，四节一环保中的"四节"是指（　　）。

A. 节工、节材、节机、节能　　　　　B. 节水、节电、节气、节时

C. 节电、节材、节工、节水　　　　　D. 节能、节地、节水、节材

【答案】D

（2）关于用能单位法定义务的说法，正确的是（　　）。

A. 用能单位应当按照一切从简的原则，加强节能管理

B. 用能单位不得对能源消费实行包费制

C. 用能单位应当对各类能源的消费实行统一计量和统计

D. 用能单位应当建立循环经济制度

【答案】B

专项突破2　建筑节能的规定

例题：施工单位在建筑活动中的节能义务有（　　）。

A. 不得明示或暗示违反民用建筑节能强制性标准进行设计、施工【2015年考过】

B. 不得明示或暗示使用不符合施工图设计文件要求的墙体材料、保温材料

C. 保证由其采购的墙体材料、保温材料、采暖制冷系统等符合施工图设计文件要求【2017年考过】

D. 对民用建筑是否符合民用建筑节能强制性标准进行查验

E. 对不符合节能强制性标准的民用建筑，不得出具竣工验收合格报告【2013年、2015年考过】

F. 对进入施工现场的墙体材料、保温材料和照明设备等进行查验【2015年考过】

【答案】F

重点难点专项突破

1. 本考点还可以考核的题目有：

建设单位在建筑活动中的节能义务有（A、B、C、D、E）。

2. 如果将E选项中的"竣工验收合格报告"改为"建设工程规划许可证"，那么这个选项就是错误的。

3. 国家鼓励在新建建筑和既有建筑节能改造中使用新型墙体材料等节能建筑材料和节能设备，安装和使用太阳能等可再生能源利用系统。前述题目均是对新建建筑节能的考查，关于既有建筑节能还需要掌握以下采分点：

既有建筑节能改造，是指对不符合民用建筑节能强制性标准的既有建筑的围护结构、供热系统、采暖制冷系统、照明设备和热水供应设施等实施节能改造的活动。

专项突破3 施工节材与材料资源利用

例题：《循环经济促进法》规定，国家（   ）利用无毒无害的固体废物生产建筑材料。【2022年考过】

A. 鼓励   B. 推广

C. 禁止   D. 限制

【答案】A

重点难点专项突破

1. 本考点还可以考核的题目有：

（1）《循环经济促进法》规定，国家（A）使用散装水泥。【2022年考过】

（2）《循环经济促进法》规定，国家（B）使用预拌混凝土和预拌砂浆。【2022年考过】

（3）《循环经济促进法》规定，国家（C）损毁耕地烧砖。

（4）《循环经济促进法》规定，在国务院或者省、自治区、直辖市人民政府规定的期限和区域内，（C）生产、销售和使用黏土砖。【2022年考过】

2. D选项为考试时可能会出现的干扰项。

3. 本考点还需要掌握《绿色施工导则》中关于节材与材料资源利用的规定，具体见下表。

节材与材料资源利用的相关规定

项目	考查要点
图纸会审	图纸会审时，应审核节材与材料资源利用的相关内容，达到材料损耗率比定额损耗率降低30%
材料的采购、进场	（1）根据施工进度、库存情况等合理安排材料的采购、进场时间和批次，减少库存。 （2）应就地取材，施工现场500km以内生产的建筑材料用量占建筑材料总重量的70%以上
材料的储存与保管	（1）现场材料堆放有序。 （2）储存环境适宜，措施得当。 （3）保管制度健全，责任落实
材料的运输与卸载	（1）材料运输工具适宜，装卸方法得当，防止损坏和遗洒。 （2）根据现场平面布置情况就近卸载，避免和减少二次搬运。【2018年考过】 （3）采取技术和管理措施提高模板、脚手架等的周转次数。【2018年考过】 （4）优化安装工程的预留、预埋、管线路径等方案【2018年考过】

专项突破4　施工节水与水资源利用

例题：根据《绿色施工导则》，处于基坑降水阶段的工地，宜优先采用（　　）作为混凝土搅拌用水、养护用水、冲洗用水和部分生活用水。【2014年、2015年、2017年考过】

A. 中水
B. 地下水
C. 市政自来水
D. 雨水

【答案】B

重点难点专项突破

1. 本考点还可以考核的题目有：

（1）根据《绿色施工导则》关于水源利用的规定，应优先采用（A）搅拌、养护。【2014年、2017年、2020年、2021年考过】

（2）根据《绿色施工导则》关于水源利用的规定，现场机具、设备、车辆冲洗、喷洒路面、绿化浇灌等用水，尽量不使用（C）。【2020年、2021年考过】

（3）有条件的地区和工程应收集（D）养护。【2021年考过】

2. 本考点还需要掌握下表中的内容。

项目	可能考核的内容
提高用水效率	（1）施工中采用先进的节水施工工艺。【2021年考过】 （2）施工现场供水管网应根据用水量设计布置，管径合理、管路简捷，采取有效措施减少管网和用水器具的漏损。 （3）现场机具、设备、车辆冲洗用水必须设立循环用水装置。 （4）施工现场分别对生活用水与工程用水确定用水定额指标，并分别计量管理。 （5）大型工程的不同单项工程、不同标段、不同分包生活区，凡具备条件的应分别计量用水量。 （6）对混凝土搅拌站点等用水集中的区域和工艺点进行专项计量考核
非传统水源利用	（1）大型施工现场，尤其是雨量充沛地区的大型施工现场建立雨水收集利用系统，充分收集自然降水用于施工和生活中适宜的部位。【2019年考过】 （2）力争施工中非传统水源和循环水的再利用量大于30%【2017年、2019年、2020年考过】

专项突破5　施工节地与施工用地保护

项目	内容
临时用地指标	（1）根据施工规模及现场条件等因素合理确定临时设施，如临时加工厂、现场作业棚及材料堆场、办公生活设施等的占地指标。临时设施的占地面积应按用地指标所需的最低面积设计。 （2）要求平面布置合理、紧凑，在满足环境、职业健康与安全及文明施工要求的前提下尽可能减少废弃地和死角，临时设施占地面积有效利用率大于90%
临时用地保护	（1）应对深基坑施工方案进行优化，减少土方开挖和回填量，最大限度地减少对土地的扰动，保护周边自然生态环境。【2016年考过】 （2）红线外临时占地应尽量使用荒地、废地，少占用农田和耕地。工程完工后，及时对红线外占地恢复原地形、地貌，使施工活动对周边环境的影响降至最低。 （3）利用和保护施工用地范围内原有绿色植被

项目	内容
施工总平面布置	（1）施工总平面布置应做到科学、合理，充分利用原有建筑物、构筑物、道路、管线为施工服务。 （2）施工现场搅拌站、仓库、加工厂、作业棚、材料堆场等布置应尽量靠近已有交通线路或即将修建的正式或临时交通线路，缩短运输距离。 （3）临时办公和生活用房应采用经济、美观、占地面积小、对周边地貌环境影响较小，且适合于施工平面布置动态调整的多层轻钢活动板房、钢骨架水泥活动板房等标准化装配式结构。 （4）施工现场围墙可采用连续封闭的轻钢结构预制装配式活动围挡，减少建筑垃圾，保护土地。 （5）施工现场道路按照永久道路和临时道路相结合的原则布置。施工现场内形成环形通路，减少道路占用土地。 （6）临时设施布置应注意远近结合（本期工程与下期工程），努力减少和避免大量临时建筑拆迁和场地搬迁

重点难点专项突破

1. 本考点通常会采用说法正确与否的方式进行提问。

2. 本考点可能会这样命题：

（1）根据《绿色施工导则》，关于临时用地保护的说法，正确的是（　　）。

A. 工程完工后，及时对红线外占地恢复原地形、地貌

B. 优化基坑施工方案，保持对土地的扰动

C. 红线外临时占地不得占用农田和耕地

D. 施工周期无论长短，均按临时绿化处理

【答案】A

（2）根据《绿色施工导则》，关于施工总平面布局的说法，正确的是（　　）。

A. 施工现场搅拌站、仓库等布置应当尽量远离已有交通线路

B. 施工现场围墙可以采用连续封闭的轻钢结构预制装配式活动围挡，减少建筑垃圾，保护土地

C. 施工现场道路应当尽量多布置临时道路，在施工现场形成环形道路

D. 生活区与生产区可以分开布置，并设置标准的分隔设施

【答案】B

1Z305030　施工文物保护制度

专项突破1　受法律保护的文物范围

例题：根据《文物保护法》，属于国家所有的不可移动文物有（　　）。

A. 除国家另有规定外，中国境内出土的可移动文物

B. 古文化遗址、古墓葬、石窟寺【2018年、2022年考过】

C. 除国家另有规定的，国家指定保护的纪念建筑物、古建筑

D. 除国家另有规定的，国家指定保护的壁画、近代现代代表性建筑

E．国有文物收藏单位以及其他国家机关、部队收藏、保管的可移动文物

F．国有企业、事业组织收藏、保管的可移动文物【2018年、2019年考过】

G．国家征集、购买的可移动文物

H．公民、法人和其他组织捐赠给国家的可移动文物

I．集体所有的纪念建筑物、古建筑

J．私人所有的祖传文物

K．私人收藏的古玩字画【2018年考过】

【答案】B、C、D

重点难点专项突破

1．本考点还可以考核的题目有：

（1）根据《文物保护法》，国家所有的可移动文物有（A、E、F、G、H）。

（2）根据《文物保护法》，不属于国家所有的文物是（I、J、K）。

2．《文物保护法》规定，在中华人民共和国境内，下列文物受国家保护：

（1）具有历史、艺术、科学价值的古文化遗址、古墓葬、古建筑、石窟寺和石刻、壁画；

（2）与重大历史事件、革命运动或者著名人物有关的以及具有重要纪念意义、教育意义或者史料价值的近代现代重要史迹、实物、代表性建筑；

（3）历史上各时代珍贵的艺术品、工艺美术品；【2021年考过】

（4）历史上各时代重要的文献资料以及具有历史、艺术、科学价值的手稿和图书资料等；

（5）反映历史上各时代、各民族社会制度、社会生产、社会生活的代表性实物。

3．国有不可移动文物的所有权不因其所依附的土地所有权或者使用权的改变而改变。

4．属于国家所有的可移动文物的所有权不因其保管、收藏单位的终止或者变更而改变。

5．可移动文物和文物保护单位的分级【2022年考过】

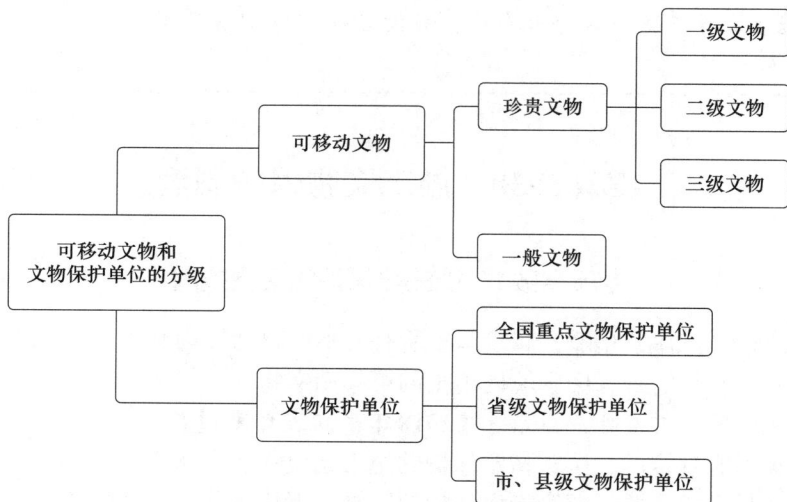

专项突破2　文物保护单位的保护范围和建设控制地带的划定

例题：《文物保护法实施条例》规定，全国重点文物保护单位和省级文物保护单位自核定公布之日起1年内，由（　　　）划定必要的保护范围。

A. 省、自治区、直辖市人民政府

B. 核定公布该文物保护单位的人民政府

C. 省、自治区、直辖市人民政府的文物行政主管部门

D. 城乡规划行政主管部门

E. 核定公布该文物保护单位的人民政府的文物行政主管部门

【答案】A

重点难点专项突破

1. 本考点还可以考核的题目有：

（1）《文物保护法实施条例》规定，设区的市、自治州级和县级文物保护单位自核定公布之日起1年内，由（B）划定保护范围。

（2）《文物保护法实施条例》规定，全国重点文物保护单位的建设控制地带，经（A）批准，由（C）会同（D）划定并公布。【2018年考过】（注：在考试时，并不会采用这样的形式，这道题目之所以采用这样的提问方式，为的是让大家知晓可能挖空考核的点有哪些，这些都是需要大家重点记忆的）

（3）《文物保护法实施条例》规定，省级、设区的市、自治州级和县级文物保护单位的建设控制地带，经（A）批准，由（E）会同（D）划定并公布。【2016年考过】（注：在考试时，并不会采用这样的形式，这道题目之所以采用这样的提问方式，为的是让大家知晓可能挖空考核的点有哪些，这些都是需要大家重点记忆的）

2. 牢记上文题干中的"1年内"，对于这一采分点可能会以单项选择题的形式进行考核。

3. 注意相似内容的区分。

专项突破3　历史文化名城名镇名村的保护

例题：根据《文物保护法》，对保存文物特别丰富并且具有重大历史价值或者革命纪念意义的城市，有权核定公布其为历史文化名城的单位是（　　　）。【2021年真题题干】

A. 国务院【2021年考过】　　　　　　B. 省、自治区、直辖市人民政府

C. 国务院住房城乡建设行政主管部门　　D. 国务院文物行政主管部门

【答案】A

重点难点专项突破

1. 本考点还可以考核的题目有：

保存文物特别丰富并且具有重大历史价值或者革命纪念意义的城镇、街道、村庄，由（B）核定公布为历史文化街区、村镇，并报国务院备案。

2. C、D选项为考试时可能会出现的干扰项。

3. 除了以上两道题目所涉及的采分点外，还应知道申报历史文化名城、名镇、名村，需要具备的条件有哪些。

《历史文化名城名镇名村保护条例》规定，具备下列条件的城市、镇、村庄，可以申报历史文化名城、名镇、名村：（1）保存文物特别丰富；（2）历史建筑集中成片；（3）保留着传统格局和历史风貌；（4）历史上曾经作为政治、经济、文化、交通中心或者军事要地，或者发生过重要历史事件，或者其传统产业、历史上建设的重大工程对本地区的发展产生过重要影响，或者能够集中反映本地区建筑的文化特色、民族特色。【2015年考过】

这一采分点的考查形式如下：

根据《历史文化名城名镇名村保护条例》，属于申报历史文化名城、名镇、名村条件的有（　　）。【2015年真题】

A. 保存文物特别丰富
B. 历史建筑集中成片
C. 保留着传统自然格局和地理风貌
D. 集中反映本地区建筑的文化特色、民族特色
E. 历史上曾经作为政治、经济、文化、交通中心或者军事要地

【答案】A、B、D、E

专项突破4　在历史文化名城名镇名村保护范围内从事建设活动的相关规定

例题：经有关部门依法办理批准手续后，可以在历史文化名城名镇名村保护范围内进行的活动是（　　）。【2017年真题题干】

A. 开山、采石、开矿等破坏传统格局和历史风貌的活动
B. 占用保护规划确定保留的园林绿地、河湖水系、道路等
C. 修建生产、储存爆炸性、易燃性、放射性、毒害性、腐蚀性物品的工厂、仓库等
D. 在历史建筑上刻划、涂污
E. 改变园林绿地、河湖水系等自然状态的活动【2017年考过】
F. 在核心保护范围内进行影视摄制、举办大型群众性活动【2019年考过】

【答案】E、F

重点难点专项突破

1. 本考点还可以考核的题目有：

《历史文化名城名镇名村保护条例》规定，在历史文化名城、名镇、名村保护范围内禁止进行的活动有（A、B、C、D）。

2. 上面两道题目，一道题考查的是禁止进行的活动，另一道题考查的是经有关部门依法办理批准手续后，可以进行的活动。这两类不同的情形，在考查时可互为干扰项。

3. 本考点还需要掌握以下采分点：

在历史文化街区、名镇、名村核心保护范围内，不得进行新建、扩建活动。但是，新建、扩建必要的基础设施和公共服务设施除外。【2016年考过】

这一采分点在历年考试中的考查形式如下：

根据《历史文化名城名镇名村保护条例》，在历史文化街区、名镇、名村核心保护范围内，允许建设的工程是（　　　　）。【2016年真题】

A. 新建住宅　　　　　　　　　　B. 新建厂房

C. 扩建必要公共服务设施　　　　D. 扩建办公楼

【答案】C

专项突破5　在文物保护单位保护范围和建设控制地带内从事建设活动的相关规定

例题：《文物保护法》规定，因特殊情况需要在文物保护单位的保护范围内进行其他建设工程或者爆破、钻探、挖掘等作业的，必须保证文物保护单位的安全，并经（　　　　）批准，在批准前应当征得同意。【2014年考过】

A. 核定公布文物保护单位的人民政府

B. 上一级人民政府文物行政部门

C. 省、自治区、直辖市人民政府

D. 国务院文物行政部门

E. 城乡建设规划部门

【答案】A

重点难点专项突破

本考点还可以考核的题目有：

（1）《文物保护法》规定，因特殊情况需要在文物保护单位的保护范围内进行其他建设工程或者爆破、钻探、挖掘等作业的，必须保证文物保护单位的安全，在获批前应当征得（B）同意。

（2）《文物保护法》规定，在全国重点文物保护单位的保护范围内进行其他建设工程或者爆破、钻探、挖掘等作业的，必须经（C）批准。【2011年考过】

（3）《文物保护法》规定，在全国重点文物保护单位的保护范围内进行其他建设工程或者爆破、钻探、挖掘等作业的，在获批前应征得（D）同意。【2012年考过】

（4）《文物保护法》规定，在文物保护单位的建设控制地带内进行建设工程，不得破坏文物保护单位的历史风貌，工程设计方案应当根据文物保护单位的级别，经相应的文物行政部门同意后，报（E）批准。【2012年考过】

专项突破6　施工发现文物报告和保护的规定

项目	内容
配合建设工程进行考古发掘工作的规定	《文物保护法》规定，地下埋藏的文物，任何单位或者个人都不得私自发掘。考古发掘的文物，任何单位或者个人不得侵占。【2015年考过】 　　进行大型基本建设工程，建设单位应当事先报请省、自治区、直辖市人民政府文物行政部门组织从事考古发掘的单位在工程范围内有可能埋藏文物的地方进行考古调查、勘探。 　　确因建设工期紧迫或者有自然破坏危险，对古文化遗址、古墓葬急需进行抢救发掘的，由省、自治区、直辖市人民政府文物行政部门组织发掘，并同时补办审批手续【2015年考过】
施工发现文物的报告和保护	《文物保护法》规定，在进行建设工程或者在农业生产中，任何单位或者个人发现文物，应当保护现场，立即报告当地文物行政部门，文物行政部门接到报告后，如无特殊情况，应当在24小时内赶赴现场，并在7日内提出处理意见【2013年、2020年考过】

重点难点专项突破

1. 注意上表中"24""7"这两个关键数字，很可能会单独考查单项选择题。

2. 本考点可能会这样命题：

（1）进行大型基本建设工程，建设单位应当事先报请（　　）组织从事考古发掘的单位在工程范围内有可能埋藏文物的地方进行考古调查、勘探。

A. 国务院

B. 国务院住房城乡建设行政主管部门

C. 省、自治区、直辖市人民政府文物行政部门

D. 城乡建设规划部门

【答案】C

（2）《文物保护法》规定，在进行建设工程或者在农业生产中，任何单位或者个人发现文物，应当保护现场，立即报告当地文物行政部门，文物行政部门接到报告后，如无特殊情况，应当在（　　）日内提出处理意见。

A. 5　　　　　　　　　　　　B. 7

C. 10　　　　　　　　　　　D. 24

【答案】B

1Z306000　建设工程安全生产法律制度

1Z306010　施工安全生产许可证制度

专项突破1　安全生产许可证的申领条件

序号	安全生产许可证的申领条件
1	建立、健全安全生产责任制，制定完备的安全生产规章制度和操作规程【2014年、2020年、2021年考过】
2	保证本单位安全生产条件所需资金的投入【2011年、2017年、2021年考过】
3	设置安全生产管理机构，按照国家有关规定配备专职安全生产管理人员【2021年考过】
4	主要负责人、项目负责人、专职安全生产管理人员经建设主管部门或者其他有关部门考核合格【2009年、2010年、2019年、2020年考过】
5	特种作业人员经有关业务主管部门考核合格，取得特种作业操作资格证书【2015年、2020年、2022年考过】
6	管理人员和作业人员每年至少进行1次安全生产教育培训并考核合格【2011年、2017年、2022年考过】
7	依法参加工伤保险，依法为施工现场从事危险作业的人员办理意外伤害保险，为从业人员交纳保险费【2017年考过】
8	施工现场的办公、生活区及作业场所和安全防护用具、机械设备、施工机具及配件符合有关安全生产法律、法规、标准和规程的要求【2022年考过】
9	有职业危害防治措施，并为作业人员配备符合国家标准或者行业标准的安全防护用具和安全防护服装【2011年、2017年、2022年考过】
10	有对危险性较大的分部分项工程及施工现场易发生重大事故的部位、环节的预防、监控措施和应急预案【2022年考过】
11	有生产安全事故应急救援预案、应急救援组织或者应急救援人员，配备必要的应急救援器材、设备【2020年考过】

重点难点专项突破

1. 关于"三类人员"，可能会单独考查一道题目，例如：

根据《建筑施工企业安全生产许可证管理规定》，建筑施工企业取得安全生产许可证应当经过住房城乡建设主管部门或者其他有关部门考核合格的人员是（　　　）。【2019年真题】

A. 主要负责人、部门负责人和项目负责人

B. 主要负责人、项目负责人和专职安全生产管理人员

C. 部门负责人、项目负责人和专职安全生产管理人员

D. 主要负责人、项目负责人和从业人员

【答案】B

2. 考生在记忆安全生产许可证的申领条件时应与施工许可证的申领条件区分开，因为在考试时曾多次将施工许可证的申领条件设置为错误项。

3. 考生还需要知道实行安全生产许可制度的企业都有哪些。

《安全生产许可证条例》规定，国家对矿山企业、建筑施工企业和危险化学品、烟花爆竹、民用爆炸物品生产企业实行安全生产许可制度。【2013年考过】

4. 本考点可能会这样命题：

下列建筑施工条件中，属于建筑施工企业取得安全生产许可证应当具备的条件是（　　）。

A. 为职工办理了意外伤害保险

B. 依法参加工伤保险，为从业人员缴纳保险费

C. 保证本单位生产经营条件所需资金的投入

D. 管理人员和作业人员每年至少进行2次安全生产教育培训并考核合格

【答案】B

专项突破2　安全生产许可证的申领时间及部门

项目	内容
申领时间	建筑施工企业从事建筑施工活动前
申领部门	企业注册所在地省、自治区、直辖市人民政府住房城乡建设主管部门【2021年考过】
提供材料	建筑施工企业申请安全生产许可证时，应当向住房城乡建设主管部门提供下列材料： （1）建筑施工企业安全生产许可证申请表； （2）企业法人营业执照；【2020年考过】 （3）与申请安全生产许可证应当具备的安全生产条件相关的文件、材料

重点难点专项突破

1. 重点记忆安全生产许可证的申领时间及部门。

2. 本考点可能会这样命题：

根据《建筑施工企业安全生产许可证管理规定》，建筑施工企业从事建筑施工活动前，应当依照规定向企业注册所在地（　　）申请领取安全生产许可证。

A. 县级以上人民政府

B. 省、自治区、直辖市人民政府住房城乡建设主管部门

C. 县级以上人民政府建设主管部门

D. 省、自治区、直辖市人民政府

【答案】B

专项突破3　安全生产许可证的有效期

例题：安全生产许可证的有效期为（　　）年。【2011年真题题干】

A. 3【2011年考过】　　　　　　　　　　B. 10【2016年考过】

C. 15   D. 20

【答案】A

重点难点专项突破

1. 本考点还可以考核的题目有：

（1）建筑施工企业安全生产许可证有效期满需要延期的，应当于期满前（A）个月向原安全生产许可证颁发管理机关办理延期手续。【2010年真题题干】

（2）企业在安全生产许可证有效期内，严格遵守有关安全生产的法律法规，未发生死亡事故的，安全生产许可证有效期届满时，经原安全生产许可证颁发管理机关同意，不再审查，安全生产许可证有效期延期（A）年。【2009年考过】

（3）建筑施工企业变更名称、地址、法定代表人等，应当在变更后（B）日内，到原安全生产许可证颁发管理机关办理安全生产许可证变更手续。【2016年考过】

> 上题题干中的变更内容也是一个很好的采分点，如果对其进行考查的话，题目可能会这样设置："施工企业必须在变更10日内到原安全生产许可证颁发管理机关办理安全生产许可证变更手续的情形有（　　　）。"【2013年真题题干】

2. C、D选项为考试时可能会出现的干扰项。

专项突破4　安全生产许可证的注销、遗失及政府监管

项目		内容
注销		建筑施工企业破产、倒闭、撤销的，应当将安全生产许可证交回原安全生产许可证颁发管理机关予以注销【2016年、2022年考过】
遗失		建筑施工企业安全生产许可证遗失补办，由申请人告知资质许可机关，由资质许可机关在官网发布信息
政府监管	核发时的监管	住房城乡建设主管部门在审核发放施工许可证时，应当对已经确定的建筑施工企业是否有安全生产许可证进行审查，对没有取得安全生产许可证的，不得颁发施工许可证【2018年、2019年考过】
	日常监管	安全生产许可证颁发管理机关发现企业不再具备安全生产条件的，应当暂扣或者吊销安全生产许可证。【2018年、2019年考过】 企业不得转让、冒用安全生产许可证或使用伪造的安全生产许可证

重点难点专项突破

1. 一般情况下，本考点会采用说法正确与否的方式考查。

2. 本考点可能会这样命题：

关于安全生产许可证的说法，错误的是（　　　）。

A. 没有取得施工许可证的不得颁发安全生产许可证

B. 未取得安全生产许可证的企业，不得从事建筑施工活动

C. 建设主管部门在颁发施工许可证时，应当对已经确定的建筑施工企业是否有安全生产许可证进行审查

D. 安全生产许可证遗失补办，由资质许可机关在官网发布信息

【答案】A

专项突破5　安全生产许可证违法行为应承担的法律责任

例题：根据《建筑施工企业安全生产许可证管理规定》，已经取得安全生产许可证的施工企业发生重大安全事故所产生的法律后果是（　　　）。【2018年真题题干】

A. 没收违法所得

B. 吊销安全生产许可证

C. 处10万元以上50万元以下的罚款【2020年、2022年考过】

D. 给予警告

E. 构成犯罪的，依法追究刑事责任

F. 1年内不得申请安全生产许可证【2013年考过】

G. 暂扣安全生产许可证【2017年、2018年、2021年考过】

H. 限期整改【2017年、2018年、2021年考过】

I. 处5万元以上10万元以下的罚款【2020年、2022年考过】

【答案】G、H

重点难点专项突破

1. 本考点还可以考核的题目有：

（1）《建筑施工企业安全生产许可证管理规定》规定，建筑施工企业转让安全生产许可证的（A、B、C、E）。【2022年考过】

（2）根据《建筑施工企业安全生产许可证管理规定》，建筑施工企业隐瞒有关情况或者提供虚假材料申请安全生产许可证的，可能承担的法律责任有（D、F）。

（3）《安全生产许可证条例》规定，安全生产许可证有效期满未办理延期手续，继续进行生产的，责令停止生产，限期补办延期手续，没收违法所得，并（I）。【2022年考过】

（4）《安全生产许可证条例》规定，转让安全生产许可证的，没收违法所得，（C）并吊销其安全生产许可证。【2022年考过】

（5）根据《建筑施工企业安全生产许可证管理规定》，建筑施工企业不再具备安全生产条件的，（G、H）；情节严重的，吊销安全生产许可证。【2021年考过】

2. 在考试时除了会考查违法行为应承担的法律责任外，还可能会反过来考查违法行为，例如：

（1）根据《建筑施工企业安全生产许可证管理规定》，下列安全生产许可证违法行为中，罚款额度区间最小的是（　　　）。

A. 未取得安全生产许可证擅自从事施工活动

1Z306020 施工安全生产责任和安全生产教育培训制度

专项突破1 施工单位的安全生产管理职责

例题：《安全生产法》规定，生产经营单位的主要负责人对本单位安全生产工作负有的职责包括（   ）。

A. 建立、健全本单位安全生产责任制

B. 组织制定本单位安全生产规章制度和操作规程

C. 保证本单位安全生产投入的有效实施

D. 督促、检查本单位的安全生产工作

E. 组织制定并实施本单位的生产安全事故应急救援预案

F. 及时、如实报告生产安全事故

G. 组织制定并实施本单位安全生产教育和培训计划

H. 及时消除生产安全事故隐患

I. 宣传和贯彻国家有关安全生产法律法规和标准【2020年考过】

J. 编制并适时更新安全生产管理制度并监督实施【2015年考过】

K. 组织开展安全教育培训与交流【2020年考过】

L. 协调配备项目专职安全生产管理人员【2015年考过】

M. 制订企业安全生产检查计划并组织实施

N. 监督在建项目安全生产费用的使用

O. 参与危险性较大工程安全专项施工方案专家论证会

P. 通报在建项目违规违章查处情况

Q. 参加生产安全事故的调查和处理工作【2015年、2020年考过】

R. 检查危险性较大工程安全专项施工方案落实情况【2015年考过】

S.　监督作业人员安全防护用品的配备及使用情况【2015年考过】

T.　对发现的安全生产违章违规行为或安全隐患，有权当场予以纠正或作出处理决定【2015年考过】

U.　对不符合安全生产条件的设施、设备、器材，有权当场作出查封的处理决定【2015年考过】

【答案】A、B、C、D、E、F、G、H

重点难点专项突破

1. 本考点还可以考核的题目有：

（1）根据《建筑施工企业安全生产管理机构设置及专职安全生产管理人员配备办法》，建筑施工企业安全生产管理机构的职责有（I、J、K、L、M、N、O、P、Q）。【2020年真题题干】

（2）根据《建筑施工企业安全生产管理机构设置及专职安全生产管理人员配备办法》，建筑施工企业安全生产管理机构专职安全生产管理人员应当履行的职责有（R、S、T、U）。【2015年真题题干】

2. 本考点还需要掌握以下要点：

【要点1】《建筑法》规定，建筑施工企业的法定代表人对本企业的安全生产负责。【2010年考过】

【要点2】矿山、金属冶炼、建筑施工、运输单位和危险物品的生产、经营、储存、装卸单位，应当设置安全生产管理机构或者配备专职安全生产管理人员。【2022年考过】

【要点3】专职安全生产管理人员的配备要求，见下表。

专职安全生产管理人员的配备要求

企业类型	配备人数		
	特级	一级	二级和二级以下
建筑施工总承包资质序列企业	≥6人【2018年考过】	≥4人	≥3人
建筑施工专业承包资质序列企业	—	≥3人	≥2人【2018年考过】
建筑施工劳务分包资质序列企业	≥2人【2018年考过】		
建筑施工企业的分公司、区域公司等较大的分支机构	≥2人		

专项突破2　施工项目负责人施工现场带班制度

例题：根据《建筑施工企业负责人及项目负责人施工现场带班暂行办法》，关于施工企业负责人施工现场带班制度的说法，正确的是（　　）。【2018年真题题干】

A.　建筑施工企业负责人要定期带班检查，每月检查时间不少于其工作日的25%

B.　建筑施工企业负责人带班检查时，应认真做好检查记录，并分别在企业和工程项目存档备查【2018年考过】

C.　工程项目进行超过一定规模的危险性较大的分部分项工程施工时，建筑施工企业

负责人应到施工现场进行带班检查【2014年、2016年考过】

D. 对于有分公司（非独立法人）的企业集团，集团负责人因故不能到现场的，可书面委托工程所在地的分公司负责人对施工现场进行带班检查

E. 项目负责人带班生产时，要加强对重点部位、关键环节的控制，及时消除隐患【2014年考过】

F. 项目负责人每月带班生产时间不得少于本月施工时间的80%【2015年考过】

【答案】A、B、C、D、E、F

重点难点专项突破

1. A、F选项中的"25%""80%"可能会单独以单项选择题的形式来考查，也可能会将其改错使其所在选项变为错项。

2. E选项中的"项目负责人"是工程项目质量安全管理的第一责任人，应对工程项目落实带班制度负责；对建设工程项目的安全施工负责。

3. 知识拓展。

三类负责人的区分	
项目	内容
施工单位主要负责人	包括法定代表人、总经理（总裁）、分管安全生产的副总经理（副总裁）、分管生产经营的副总经理（副总裁）、技术负责人、安全总监等
施工单位负责人	包括企业的法定代表人、总经理、主管质量安全和生产工作的副总经理、总工程师和副总工程师
施工项目负责人	项目经理

专项突破3 总承包和分包单位的安全生产责任

项目	内容
总承包单位应当承担的法定安全生产责任	（1）分包合同应当明确总分包双方的安全生产责任。 （2）统一组织编制建设工程生产安全应急救援预案。【2010年、2012年、2017年考过】 （3）实行施工总承包的建设工程，由总承包单位负责上报事故。【2009年、2011年、2017年考过】 （4）总承包单位和分包单位对分包工程的安全生产承担连带责任【2012年、2020年、2022年考过】
分包单位应当承担的法定安全生产责任	《建筑法》规定，分包单位向总承包单位负责，服从总承包单位对施工现场的安全生产管理。 《建设工程安全生产管理条例》规定，分包单位应当服从总承包单位的安全生产管理，分包单位不服从管理导致生产安全事故的，由分包单位承担主要责任【2012年考过】

重点难点专项突破

1. 对外：总承包单位与分包单位对建设工程的安全生产承担的是连带责任。

2. 对内：分包单位应服从总承包单位的安全生产管理，如因不服从导致生产安全事故的，将由分包单位承担主要责任。下面来看一下历年真题是如何对这一采分点进行考查的：

甲公司是某项目的总承包单位，乙公司是该项目的建设单位指定的分包单位。在施工过程中，乙公司拒不服从甲公司的安全生产管理，最终造成安全生产事故，则（　　）。

A. 甲公司负主要责任　　　　　　　B. 乙公司负主要责任

C. 乙公司负全部责任　　　　　　　D. 监理公司负主要责任

【答案】B

3. 本考点可能会这样命题：

（1）建设工程施工总承包单位依法将建设工程分包给其他单位的，关于安全生产责任的说法，正确的是（　　）。

A. 分包合同中应当明确总、分包单位各自的安全生产方面的权利和义务

B. 分包单位的安全生产责任由分包单位独立承担

C. 总承包单位对分包单位的安全生产承担全部责任

D. 总承包单位和分包单位对施工现场安全生产承担同等责任

【答案】A

（2）总承包项目工地大型塔吊倾倒造成伤亡事故的，负责上报事故的单位是（　　）。

A. 施工总承包单位　　　　　　　　B. 建设单位

C. 监理单位　　　　　　　　　　　D. 项目经理

【答案】A

专项突破4　施工作业人员安全生产的权利和义务

例题：施工作业人员享有的主要安全生产权利有（　　）。

A. 施工安全生产的知情权和建议权【2013年考过】

B. 获得施工安全防护用品【2015年考过】

C. 批评、检举、控告权及拒绝违章指挥【2012年、2013年、2015年考过】

D. 紧急避险【2009年、2013年、2015年考过】

E. 获得工伤保险和意外伤害保险赔偿【2012年、2015年考过】

F. 救治和请求民事赔偿

G. 依靠工会维权

H. 遵守有关的规章制度

I. 正确使用安全防护用具

J. 接受安全生产教育培训【2011年考过】

K. 报告施工安全事故隐患

【答案】A、B、C、D、E、F、G

重点难点专项突破

1. 本考点还可以考核的题目有：

施工作业人员应履行的安全生产义务有（H、I、J、K）。

2. 本考点通常会以多项选择题的形式考查，且对于作业人员的安全生产权利考核的最多，大家在复习时应有所侧重。

3. A选项中的"知情权"指的是生产经营单位的从业人员有权了解其作业场所和工作岗位存在的危险因素、防范措施及事故应急措施。【2019年考过】

4. 看过K选项后请考生思考一个问题：从业人员发现事故隐患或者其他不安全因素，应当向谁报告？

答：从业人员发现事故隐患或者其他不安全因素，应当立即向现场安全生产管理人员或者本单位负责人报告。【2019年考过】

专项突破5 施工单位安全生产教育培训

例题：根据《建设工程安全生产管理条例》，施工单位的（　　　）应当经建设行政主管部门或者其他有关部门考核合格后方可任职。

A. 主要负责人　　　　　　　　B. 专职安全生产管理人员

C. 项目负责人　　　　　　　　D. 特种作业人员

E. 全体从业人员

【答案】A、B、C

重点难点专项突破

1. 本考点还可以考核的题目有：

（1）《建筑施工企业主要负责人、项目负责人和专职安全生产管理人员安全生产管理规定》规定，企业（A、B、C）应通过其受聘企业，向企业工商注册地的省、自治区、直辖市人民政府住房城乡建设主管部门申请安全生产考核，并取得安全生产考核合格证书。【2021年考过】

（2）《安全生产法》规定，生产经营单位的（D）必须按照国家有关规定经专门的安全作业培训，取得相应资格，方可上岗作业。

（3）《安全生产法》规定，生产经营单位应当对（E）进行安全生产教育和培训，保证其具备必要的安全生产知识，熟悉有关的安全生产规章制度和安全操作规程，掌握本岗位的安全操作技能，了解事故应急处理措施，知悉自身在安全生产方面的权利和义务。

2. 施工单位安全生产教育培训除了施工单位"安管人员"和特种作业人员的培训考核、施工单位全员的安全生产教育培训外还包括：

（1）进入新岗位或者新施工现场前的安全生产教育培训；

（2）采用新技术、新工艺、新设备、新材料前的安全生产教育培训。【2011年考过】

3.《建筑施工特种作业人员管理规定》对D选项中的"特种作业"有明确的规定：

建筑施工特种作业包括：① 建筑电工；② 建筑架子工；③ 建筑起重信号司索工；④ 建筑起重机械司机；⑤ 建筑起重机械安装拆卸工；⑥ 高处作业吊篮安装拆卸工；⑦ 经省级以上人民政府建设主管部门认定的其他特种作业。【2012年、2013年、2014年考过】

4. 再来看最后一个采分点——安全教育培训可采取哪几种形式?

安全教育培训可采取多种形式,包括安全形势报告会、事故案例分析会、安全法制教育、安全技术交流、安全竞赛、师傅带徒弟等。

1Z306030　施工现场安全防护制度

专项突破1　安全专项施工方案

达到一定规模的危险性较大的分部分项工程有哪些?	基坑支护与降水工程;土方开挖工程;模板工程;起重吊装工程;脚手架工程;拆除、爆破工程等
谁组织编写?谁组织论证?	施工单位(总承包单位)【2012年、2013年考过】
哪两个人签字?	施工单位技术负责人、总监理工程师【2011年、2022年考过】
谁进行现场监督?	专职安全生产管理人员【2022年考过】
哪三类工程需论证?	深基坑工程、地下暗挖工程、高大模板工程

重点难点专项突破

1. 应编制专项施工方案的达到一定规模的危险性较大的分部分项工程范围有哪些呢?

根据《建设工程安全生产管理条例》的规定,应编制专项施工方案的"达到一定规模的危险性较大的分部分项工程"包括:

(1)基坑支护与降水工程;【2020年考过】

(2)土方开挖工程;

(3)模板工程;【2020年考过】

(4)起重吊装工程;

(5)脚手架工程;【2020年考过】

(6)拆除、爆破工程;【2020年考过】

(7)国务院建设行政主管部门或者其他有关部门规定的其他危险性较大的工程。

再来看一下,这一采分点在考试中采用了怎样的形式进行考查:

根据《建设工程安全生产管理条例》,下列分部分项工程中,属于达到一定规模的危险性较大的需要编制专项施工方案并附具安全验算结果的有(　　　　)。【2020年真题】

A. 基坑支护与降水工程　　　　B. 模板工程

C. 脚手架工程　　　　D. 装饰装修工程

E. 拆除、爆破工程

【答案】A、B、C、E

2. 再来思考一个问题：对于超过一定规模的危险性较大的分部分项工程，实行施工总承包的，应由谁组织召开专家论证会呢？

答：应由施工总承包单位组织召开。

3. 本考点可能会这样命题：

（1）根据《建设工程安全生产管理条例》，关于对达到一定规模、危险性较大的分部分项工程编制的专项施工方案的说法，正确的有（ ）。【2022年真题】

A. 应当附具安全验算结果 　　　　B. 应当经施工企业技术负责人签字

C. 应当经总监理工程师签字 　　　D. 由专职安全生产管理人员进行现场监督

E. 应当经建设单位负责人签字

【答案】A、B、C、D

（2）基坑支护工程专项施工方案应经（ ）签字后实施。

A. 施工企业项目经理和现场监理工程师

B. 施工企业负责人和建设单位负责人

C. 建设单位负责人和总监理工程师

D. 施工企业技术负责人和总监理工程师

【答案】D

（3）根据《危险性较大的分部分项工程安全管理规定》，关于危大工程专项施工方案的说法，正确的是（ ）。

A. 危大工程实行分包的，专项施工方案应当由相关专业分包单位组织编制

B. 分包单位组织编制的专项施工方案应当由分包单位负责人签字并加盖单位公章

C. 超过一定规模的危大工程，建设单位应当组织专家会议论证专项施工方案

D. 危大工程实行施工总承包的，专项施工方案中应当由施工总承包单位编制

【答案】D

专项突破2　施工现场安全防范措施

例题：根据《建设工程安全生产管理条例》，在施工现场使用的装配式活动房屋，应当具有（ ）。【2017年真题题干】

A. 产品合格证【2011年、2012年、2017年考过】

B. 生产（制造）许可证【2011年考过】

C. 安全警示标志

D. 应急预案

【答案】A

重点难点专项突破

1. 本考点还可以考核的题目有：

（1）施工企业采购、租赁的安全防护用具、机械设备、施工机具及配件，应当具有（A、B）并在进入施工现场前进行检查。【2011年真题题干】

（2）《建设工程安全生产管理条例》规定，施工单位应当在施工现场入口处、施工起重机械、临时用电设施、脚手架、出入通道口、楼梯口、电梯井口、孔洞口、桥梁口、隧道口、基坑边沿、爆破物及有害危险气体和液体存放处等危险部位，设置明显的（C）。【2015年考过】

> 上题中的题干部分也要掌握，这部分内容曾在2015年考查过一道多项选择题，题目是这样设置的："根据《建设工程安全生产管理条例》，施工单位应在施工现场（   ）设置明显的安全警示标志。"

（3）《危险化学品安全管理条例》规定，进行可能危及危险化学品管道安全的施工作业时，施工单位应当在开工的7日前书面通知管道所属单位，并与管道所属单位共同制定（D），采取相应的安全防护措施。【2016年考过】

2. 在对A、B选项进行考查的时候可能会将"销售许可证、安装许可证、施工资质证书、施工许可证"等设置为干扰项。

3. 安全警示标志（C选项）需要掌握以下要点：

【要点1】必须符合国家标准。【2012年考过】

【要点2】一般由安全色、几何图形和图形符号构成。

4. 对施工现场周边的安全防护措施需要了解如下两点：

（1）在城市市区内的建设工程，施工单位应当对施工现场实行封闭围挡。

（2）未经许可进入高度危险活动区域或者高度危险物存放区域受到损害，管理人能够证明已经采取足够安全措施并尽到充分警示义务的，可以减轻或者不承担责任。

专项突破3　危险作业的施工现场安全管理

项目	内容
可能危及危险化学品管道安全的施工作业要点	进行可能危及危险化学品管道安全的施工作业，施工单位应当在开工的7日前书面通知管道所属单位，并与管道所属单位共同制定应急预案，采取相应的安全防护措施【2016年考过】
基坑工程施工安全要点	（1）基坑工程必须按照规定编制、审核专项施工方案，超过一定规模的深基坑工程要组织专家论证。 （2）基坑工程施工企业必须具有相应的资质和安全生产许可证，严禁无资质、超范围从事基坑工程施工。【2021年考过】 （3）基坑施工前，应当向现场管理人员和作业人员进行安全技术交底。 （4）基坑施工要严格按照专项施工方案组织实施，相关管理人员必须在现场进行监督，发现不按照专项施工方案施工的，应当要求立即整改。 （5）基坑施工必须采取有效措施，保护基坑主要影响区范围内的建（构）筑物和地下管线安全。 （6）基坑周边施工材料、设施或车辆荷载严禁超过设计要求的地面荷载限值。【2021年考过】 （7）基坑周边应按要求采取临边防护措施，设置作业人员上下专用通道。【2021年考过】 （8）基坑施工必须采取基坑内外地表水和地下水控制措施，防止出现积水和漏水漏沙。【2021年考过】

项目	内容
基坑工程施工安全要点	（9）基坑施工必须做到先支护后开挖，严禁超挖，及时回填。 （10）基坑工程必须按照规定实施施工监测和第三方监测，指定专人对基坑周边进行巡视，出现危险征兆时应当立即报警
脚手架施工安全要点	（1）脚手架工程必须按照规定编制、审核专项施工方案，超过一定规模的要组织专家论证。【2021年考过】 （2）脚手架搭设、拆除单位必须具有相应的资质和安全生产许可证，严禁无资质从事脚手架搭设、拆除作业。 （3）脚手架搭设、拆除人员必须取得建筑施工特种作业人员操作资格证书。 （4）脚手架搭设、拆除前，应当向现场管理人员和作业人员进行安全技术交底。 （5）脚手架材料进场使用前，必须按规定进行验收，未经验收或验收不合格的严禁使用。 （6）脚手架搭设、拆除要严格按照专项施工方案组织实施，相关管理人员必须在现场进行监督，发现不按照专项施工方案施工的，应当要求立即整改。 （7）脚手架外侧以及悬挑式脚手架、附着升降脚手架底层应当封闭严密。 （8）脚手架必须按专项施工方案设置剪刀撑和连墙件。 （9）脚手架搭设必须分阶段组织验收，验收合格的，方可投入使用。 （10）脚手架拆除必须由上而下逐层进行，严禁上下同时作业

重点难点专项突破

1. 本考点通常会采用说法正确与否的方式考查，重在记忆。

2. 本考点还可以考核的题目有：

《危险化学品安全管理条例》规定，进行可能危及危险化学品管道安全的施工作业，（   ）应当在开工的7日前书面通知管道所属单位。

A. 施工单位   B. 建设单位

C. 设计单位   D. 监理单位

【答案】A

专项突破4　施工单位安全费用的提取管理

例题：《企业安全生产费用提取和使用管理办法》规定，建设工程施工企业以建筑安装工程造价为计提依据，（   ）工程的安全费用提取标准为2.5%。【2018年、2019年考过】

A. 矿山   B. 房屋建筑

C. 水利水电   D. 电力

E. 铁路   F. 城市轨道交通

G. 市政公用   H. 冶炼

I. 机电安装   J. 化工石油

K. 港口与航道   L. 公路

M. 通信

【答案】A

1. 本考点还可以考核的题目有：

（1）根据《企业安全生产费用提取和使用管理办法》的规定，（B、C、D、E、F）工程的安全费用提取标准为2.0%。

（2）根据《企业安全生产费用提取和使用管理办法》的规定，（G、H、I、J、K、L、M）工程的安全费用提取标准为1.5%。

2. 关于施工单位安全费用的提取管理还需要掌握以下要点：

【要点1】建设工程施工企业提取的安全费用列入工程造价，在竞标时，不得删减，列入标外管理。

【要点2】总承包单位应当将安全费用按比例直接支付分包单位并监督使用，分包单位不再重复提取。

【要点3】建设单位与施工单位在施工合同中对安全防护、文明施工措施费用预付、支付计划未作约定或约定不明的，按下图所示的不同情形进行处理。

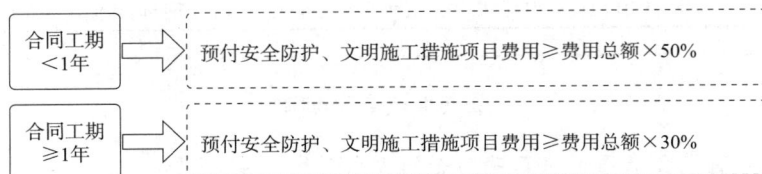

合同工期 <1年 ⟹ 预付安全防护、文明施工措施项目费用≥费用总额×50%

合同工期 ≥1年 ⟹ 预付安全防护、文明施工措施项目费用≥费用总额×30%

专项突破5 工伤的认定

例题： 根据《工伤保险条例》，不能认定为工伤的情形是（　　　　）。

A. 在工作时间和工作场所内，因工作原因受到事故伤害的【2014年考过】

B. 工作时间前后在工作场所内，从事与工作有关的预备性或者收尾性工作受到事故伤害的

C. 在工作时间和工作场所内，因履行工作职责受到暴力等意外伤害的

D. 患职业病的

E. 因工外出期间，由于工作原因受到伤害或者发生事故下落不明的

F. 在上下班途中，受到非本人主要责任的交通事故或者城市轨道交通、客运轮渡、火车事故伤害的【2014年、2015年考过】

G. 在工作时间和工作岗位，突发疾病死亡或者在48小时之内经抢救无效死亡的

H. 在抢险救灾等维护国家利益、公共利益活动中受到伤害的

I. 原在军队服役，因战、因公负伤致残，已取得革命伤残军人证，到用人单位后旧伤复发的【2015年考过】

J. 在施工现场斗殴受伤的

K. 施工期间醉酒坠落致残的

L. 在办公场所内因劳资纠纷自杀的

【答案】J、K、L

重点难点专项突破

1. 本考点还可以考核的题目有:

(1) 根据《工伤保险条例》,应当认定为工伤或者视同工伤的有(A、B、C、D、E、F、G、H、I)。

(2) 根据《工伤保险条例》,职工有(G、H、I)情形之一的,视同工伤。

2. 在考核应当认定或视同工伤的情形时通常会将不得认定或者视同工伤的情形作为干扰项,那么不得认定或者视同工伤的情形都有哪些呢?

答:职工虽与认定工伤的情形相符,但是有下列情形之一的,不得认定为工伤或者视同工伤:故意犯罪的;醉酒或者吸毒的;自残或者自杀的。

3. F选项需要注意"非本人主要责任",在考试时可能会将其改为"本人主要责任",如果考生审题不清,很可能就会选错。

专项突破6 工伤保险

项目	内容
缴纳主体	《工伤保险条例》规定,中华人民共和国境内的企业、事业单位、社会团体、民办非企业单位、基金会、律师事务所、会计师事务所等组织和有雇工的个体工商户应当依照本条例规定参加工伤保险,为本单位全部职工或者雇工缴纳工伤保险费
保险性质	**强制性保险【2013年、2021年考过】**
举证责任的承担	职工或者其近亲属认为是工伤,用人单位不认为是工伤的,由用人单位承担举证责任**【2015年、2020年考过】**
决定的作出	社会保险行政部门受理工伤认定申请后,根据审核需要可以对事故伤害进行调查核实,用人单位、职工、工会组织、医疗机构以及有关部门应当予以协助。对依法取得职业病诊断证明书或者职业病诊断鉴定书的,社会保险行政部门不再进行调查核实。**【2020年考过】** 社会保险行政部门应当自受理工伤认定申请之日起60日内作出工伤认定的决定,并书面通知申请工伤认定的职工或者其近亲属和该职工所在单位。**【2020年考过】** 在司法机关或者有关行政主管部门尚未作出结论期间,作出工伤认定决定的时限中止**【2020年考过】**
工伤医疗的停工留薪期	(1)一般不超过12个月。**【2016年考过】** (2)伤情严重或者情况特殊,经设区的市级劳动能力鉴定委员会确认,可以适当延长,但延长不得超过12个月
承担工伤保险的责任单位	(1)职工与两个或两个以上单位建立劳动关系,工伤事故发生时,职工为之工作的单位为承担工伤保险责任的单位。 (2)劳务派遣单位派遣的职工在用工单位工作期间因工伤亡的,派遣单位为承担工伤保险责任的单位。 (3)单位指派到其他单位工作的职工因工伤亡的,指派单位为承担工伤保险责任的单位。 (4)用工单位违反法律、法规规定将承包业务转包给不具备用工主体资格的组织或者自然人,该组织或者自然人聘用的职工从事承包业务时因工伤亡的,用工单位为承担工伤保险责任的单位。 (5)个人挂靠其他单位对外经营,其聘用的人员因工伤亡的,被挂靠单位为承担工伤保险责任的单位**【2016年考过】**

1. 工伤保险的缴纳主体及保险性质是考生要着重记忆的内容。

2. 本考点可能会这样命题：

（1）关于工伤保险，下列说法正确的是（   ）。

A. 事业单位、社会团体可以参加工伤保险

B. 工伤保险是面向用人单位全体员工的强制性保险

C. 工伤保险费用由用人单位和职工共同缴纳

D. 工伤保险基金由用人单位缴纳的工伤保险费及其利息构成

【答案】B

（2）职工认为是工伤，用人单位不认为是工伤的，由（   ）承担举证责任。

A. 职工　　　　　　　　　　B. 鉴定机构

C. 劳动部门　　　　　　　　D. 用人单位

【答案】D

（3）根据《工伤保险条例》，职工因工作遭受事故伤害或者患职业病，需要暂停工作接受工伤医疗的，停工留薪期一般不超过（   ）个月。

A. 12　　　　　　　　　　　B. 10

C. 8　　　　　　　　　　　　D. 6

【答案】A

专项突破7　建筑意外伤害保险

项目	内容
缴纳主体	施工单位（实行施工总承包的，由总承包单位支付）【2010年、2018年考过】
保险对象	施工现场从事危险作业的人员
保险期限	（1）建筑意外伤害保险期限自建设工程开工之日起至竣工验收合格止。【2009年、2019年考过】 （2）建筑意外伤害险的范围应覆盖工程项目开工之日到工程竣工验收合格日。【2018年考过】 （3）工程提前竣工的，保险责任自行终止。【2018年考过】 （4）工程工期延长的，应办理保险顺延手续
保险费	施工企业办理建筑意外伤害保险时，投保的保险金额不得低于各地建设行政主管部门确定的最低保险金额。【2018年考过】 保险费应当列入建筑安装工程费用

1. 工伤保险属于强制性保险而建筑意外伤害保险则不属于。

2. 本考点可能会这样命题：

（1）根据《建设工程安全生产管理条例》，施工企业为施工现场从事危险作业的人员办理意外伤害保险，意外伤害保险期限（   ）。

1Z306040　施工安全事故的应急救援与调查处理

专项突破1　生产安全事故的等级划分标准

例题：根据《生产安全事故报告和调查处理条例》，事故等级的划分包括一般事故、较大事故、重大事故、特别重大事故。下列生产安全事故情形中，属于《生产安全事故报告和调查处理条例》规定的一般事故的有（　　）。【2021年考过】

A. 造成30人以上死亡的事故

B. 造成10人以上30人以下死亡的事故

C. 造成3人以上10人以下死亡的事故【2011年、2022年考过】

D. 造成3人以下死亡的事故

E. 造成100人以上重伤的事故

F. 造成50人以上100人以下重伤的事故

G. 造成10人以上50人以下重伤的事故【2011年、2022年考过】

H. 造成10人以下重伤的事故

I. 造成1亿元以上直接经济损失的事故

J. 造成5000万元以上1亿元以下直接经济损失的事故

K. 造成1000万元以上5000万元以下直接经济损失的事故【2022年考过】

L. 造成1000万元以下直接经济损失的事故

【答案】D、H、L

重点难点专项突破

1. 本考点还可以考核的题目有：

（1）根据《生产安全事故报告和调查处理条例》，下列生产安全事故中，属于较大生产安全事故的有（C、G、K）。【2022年考过】

（2）根据《生产安全事故报告和调查处理条例》，下列生产安全事故中，属于重大生产安全事故的有（B、F、J）。

（3）根据《生产安全事故报告和调查处理条例》，下列生产安全事故中，属于特别重大生产安全事故的有（A、E、I）。

2. 例题题干部分还包含一个可考采分点，题目可能会这样设置："根据《生产安全事故报告和调查处理条例》，事故等级可划分为（　　）。"

3. 根据《安全生产法》的规定，生产安全事故的划分标准由国务院规定，那么在划分事故等级时需要考虑哪些因素呢？

事故等级的划分考虑了人身、经济和社会3个要素。【2012年考过】

4. 对于事故等级，考生可通过下图理解记忆：

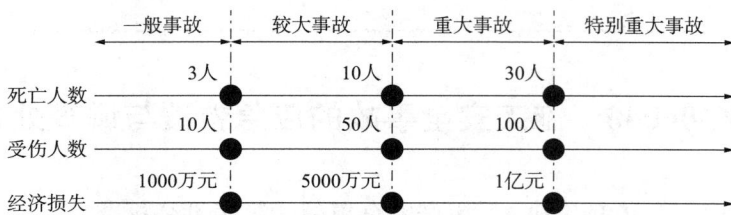

注意：图中所示如3人以上，10人以下，所称的"以上"包括本数，"以下"不包括本数。

专项突破2　施工生产安全事故应急救援预案的分类

例题：根据《生产安全事故应急预案管理办法》，生产经营单位应急预案分为（　　）。【2020年真题题干】

A. 综合应急预案【2020年考过】　　　　B. 专项应急预案【2020年考过】

C. 现场处置方案【2020年考过】　　　　D. 总体应急预案

【答案】A、B、C

重点难点专项突破

1. 本考点还可以考核的题目有：

（1）生产经营单位为应对各种生产安全事故而制定的综合性工作方案是（A）。

（2）根据《生产安全事故应急预案管理办法》，（A）是应对生产安全事故的总体工作程序、措施和应急预案体系的总纲。

（3）生产经营单位为应对某一种或者多种类型生产安全事故，或者针对重要生产设施、重大危险源、重大活动防止生产安全事故而制定的专项性工作方案是（B）。

（4）生产经营单位根据不同生产安全事故类型，针对具体场所、装置或者设施所制定的应急处置措施是（C）。

（5）应规定应急组织机构及其职责、应急预案体系、事故风险描述、预警及信息报告、应急响应、保障措施、应急预案管理等内容的是（A）。

（6）应规定应急指挥机构与职责、处置程序和措施等内容的是（B）。【2020年考过】

（7）应规定应急工作职责、应急处置措施和注意事项等内容的是（C）。

2. D选项为可能会出现的干扰选项。

本考点的可考采分点共三个：一是考查生产经营单位应急预案的分类；二是考查三类预案的概念；三是考查三类预案的具体内容。来看一道关于第三个考查点的考试真题：

根据《生产安全事故应急预案管理办法》，下列内容中，属于专项应急预案应当规定的内容是（　　）。【2020年真题】

A. 处置程序和措施   B. 应急预案体系

C. 事故风险描述   D. 预警及信息报告

【答案】A

专项突破3　施工生产安全事故应急救援预案的编制内容

例题：根据《生产安全事故应急预案管理办法》，下列内容中，属于专项应急预案应当规定的内容是（　　）。【2020年真题题干】

A. 应急组织机构及其职责   B. 应急预案体系

C. 事故风险描述   D. 预警及信息报告

E. 应急响应   F. 保障措施

G. 应急预案管理   H. 应急指挥机构与职责【2020年考过】

I. 处置程序和措施   J. 应急工作职责

K. 应急处置措施和注意事项

【答案】H、I

重点难点专项突破

1. 本考点还可以考核的题目有：

（1）根据《生产安全事故应急预案管理办法》，综合应急预案应当规定（A、B、C、D、E、F、G）等内容。

（2）根据《生产安全事故应急预案管理办法》，现场处置方案应当规定（J、K）等内容。

2. 注意三类预案内容上的区别。

专项突破4　施工生产安全事故应急救援预案的修订与演练

项目	内容
修订情形	（1）制定预案所依据的法律、法规、规章、标准发生重大变化的。【2021年考过】 （2）应急指挥机构及其职责发生调整。【2021年考过】 （3）安全生产面临的风险发生重大变化。 （4）重要应急资源发生重大变化的。【2021年考过】 （5）在预案演练或者应急救援中发现需要修订预案的重大问题。【2021年考过】 （6）其他应当修订的其他情形

项目		内容
演练	施工单位	至少每半年组织1次生产安全事故应急救援预案演练，并将演练情况报送所在地县级以上地方人民政府负有安全生产监督管理职责的部门
	县级以上地方人民政府负有安全生产监督管理职责的部门	对本行政区域内重点生产经营单位的生产安全事故应急救援预案演练进行抽查；发现演练不符合要求的，应当责令限期改正

重点难点专项突破

1. 应急救援预案的修订情形是一个非常好的采分点，今后再次考查的可能性很大。

2. 本考点可能会这样命题：

《生产安全事故应急条例》规定，施工单位应当至少每（   ）组织1次生产安全事故应急救援预案演练，并将演练情况报送所在地县级以上地方人民政府负有安全生产监督管理职责的部门。

A. 1个月   B. 3个月

C. 半年   D. 1年

【答案】C

专项突破5　施工生产安全事故报告的时间要求

例题：《生产安全事故报告和调查处理条例》规定，生产安全事故发生后，单位负责人接到报告后，应当于（   ）向事故发生地县级以上人民政府应急管理部门和负有安全生产监督管理职责的有关部门报告。

A. 立即

B. 1小时内

C. 7日内

D. 30日内【2013年、2017年、2018年考过】

【答案】B

重点难点专项突破

1. 本考点还可以考核的题目有：

（1）《生产安全事故报告和调查处理条例》规定，生产安全事故发生后，事故现场有关人员应当（A）向本单位负责人报告。【2015年考过】

> 提问：在情况紧急时，事故现场有关人员是否可以直接向事故发生地县级以上人民政府应急管理部门和负有安全生产监督管理职责的有关部门报告？
>
> 答：可以。

（2）《生产安全事故报告和调查处理条例》规定，自事故发生之日起（D），事故造成的伤亡人数发生变化的，应当及时补报。

（3）《生产安全事故报告和调查处理条例》规定，道路交通事故、火灾事故自发生之日起（C），事故造成的伤亡人数发生变化的，应当及时补报。

2. 生产安全事故报告的时间要求，用图示的方法可能更容易被考生理解。

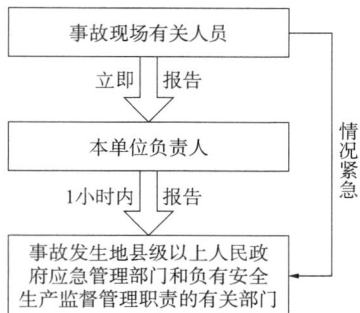

专项突破6　施工生产安全事故调查

项目		内容
事故调查的管辖		（1）特别重大事故由国务院或者国务院授权有关部门组织事故调查组进行调查。 （2）重大事故、较大事故、一般事故分别由事故发生地省级人民政府、设区的市级人民政府、县级人民政府负责调查【2022年考过】
事故调查组	组成	事故调查组由有关人民政府、安全生产监督管理部门、负有安全生产监督管理职责的有关部门、监察机关、公安机关以及工会派人组成，并应当邀请人民检察院派人参加【2013年、2015年考过】 「注意：事故调查组可能会以多项选择题的形式进行考核」
	职责	（1）查明事故发生的经过、原因、人员伤亡情况及直接经济损失。【2022年考过】 （2）认定事故的性质和事故责任。【2022年考过】 （3）提出对事故责任者的处理建议。【2022年考过】 （4）总结事故教训，提出防范和整改措施。 （5）提交事故调查报告【2022年考过】
事故调查报告	期限	自事故发生之日起60日内提交事故调查报告，特殊情况下，经批准延长不得超过60日
	内容	（1）事故发生单位概况。 （2）事故发生经过和事故救援情况。 （3）事故造成的人员伤亡和直接经济损失。 （4）事故发生的原因和事故性质。 （5）事故责任的认定以及对事故责任者的处理建议。 （6）事故防范和整改措施

重点难点专项突破

1. 关于施工生产安全事故调查组，需要着重记忆上表中的内容。

2. 本考点可能会这样命题：

1Z306050　建设单位和相关单位的建设工程安全责任制度

考点　建设单位和相关单位的建设工程安全责任

例题： 下列安全责任中，属于建设单位应当承担的有（　　）。

A. 依法办理有关批准手续【2020年考过】

B. 向施工单位提供真实、准确和完整的有关资料【2009年、2010年、2013年、2016年、2017年考过】

C. 不得压缩合同约定的工期【2011年考过】

D. 确定建设工程安全作业环境及安全施工措施所需费用【2020年考过】

E. 不得要求购买、租赁和使用不符合安全施工要求的用具设备【2020年考过】

F. 在申领施工许可证时，提供建设工程有关安全施工措施的资料【2009年考过】

G. 涉及建筑主体和承重结构变动的装修工程，在施工前委托原设计单位或具有相应资质条件的设计单位提出设计方案【2009年考过】

H. 将拆除工程发包给具有相应资质等级的施工单位并将拆迁工程进行备案【2009年、2013年、2017年考过】

I. 按照法律、法规和工程建设强制性标准进行勘察

J. 提供真实、准确的勘察文件

K. 按照法律、法规和工程建设强制性标准进行设计【2014年考过】

L. 提出防范生产安全事故的指导意见和措施建议【2014年、2019年考过】

M. 审查施工组织设计中的安全技术措施或专项施工方案是否符合工程建设强制性标准【2011年、2013年、2019年考过】

N. 依法对施工安全事故隐患进行处理【2011年考过】

O. 按照安全施工的要求配备齐全有效的保险、限位等安全设施和装置

P. 对检测合格的施工起重机械，出具安全合格证明文件【2015年考过】

Q. 对出租的机械设备和机具及配件的安全性能进行检测，在签订租赁协议时，应当

出具检测合格证明【2022年考过】

R. 出租具有生产（制造）许可证、产品合格证的机械设备、施工机具及配件【2022年考过】

S. 编制拆装方案、制定安全施工措施，并由专业技术人员现场监督【2012年、2013年、2017年考过】

T. 出具自检合格证明、进行安全使用说明、办理验收手续【2010年、2016年、2020年、2022年考过】

U. 依法对施工起重机械和自升式架设设施进行检测

【答案】A、B、C、D、E、F、G、H

重点难点专项突破

1. 本考点还可以考核的题目有：

（1）勘察单位的安全责任包括（I、J）。

（2）设计单位的安全责任包括（K、L）。

（3）监理单位的安全责任包括（M、N）。

（4）设备检验检测单位的安全责任包括（P）。

（5）提供机械设备和配件单位的安全责任包括（O）。

（6）出租机械设备和施工机具及配件单位的安全责任包括（Q、R）。

（7）施工起重机械和自升式架设设施安装、拆卸单位的安全责任包括（S、T、U）。

2. B选项中的"有关资料"指的是：施工现场及毗邻区域内供水、排水、供电、供气、供热、通信、广播电视等地下管线资料，气象和水文观测资料，相邻建筑物和构筑物、地下工程的有关资料。

3. 对于F选项还需要再补充两个要点：

【要点1】提供资料的时间：依法批准开工报告的建设工程，建设单位应当自开工报告批准之日起15日内，将保证安全施工的措施报送建设工程所在地的县级以上地方人民政府建设行政主管部门或者其他有关部门备案。【2012年、2018年考过】

【要点2】建设单位在申请领取施工许可证时，应当提供的建设工程有关安全施工措施资料，一般包括：中标通知书，工程施工合同，施工现场总平面布置图，临时设施规划方案和已搭建情况，施工现场安全防护设施搭设（设置）计划、施工进度计划、安全措施费用计划，专项安全施工组织设计（方案、措施），拟进入施工现场使用的施工起重机械设备（塔式起重机、物料提升机、外用电梯）的型号、数量，工程项目负责人、安全管理人员及特种作业人员持证上岗情况，建设单位安全监督人员名册、工程监理单位人员名册，以及其他应提交的材料。【2012年考过】

4. 对于H选项中的"备案"还需要掌握：

建设单位应当在拆除工程施工15日前，将下列资料报送建设工程所在地的县级以上地方人民政府建设行政主管部门或者其他有关部门备案：施工单位资质等级证明；拟拆除建筑物、构筑物及可能危及毗邻建筑的说明；拆除施工组织方案；堆放、清除废弃物的措施。【2021年考过】

5. 对于N选项，我们来思考一个问题：监理单位对施工安全事故隐患如何进行处理？

答：工程监理单位在实施监理过程中，发现存在安全事故隐患的，应当要求施工单位整改；情况严重的，应当要求施工单位暂时停止施工，并及时报告建设单位。施工单位拒不整改或者不停止施工的，工程监理单位应当及时向有关主管部门报告。
【2009年、2010年、2013年、2014年考过】

6. 再来看一个高频采分点——建筑起重机械不得出租、使用的情形。

建筑起重机械不得出租、使用的情形	历年考查情况
（1）属国家明令淘汰或者禁止使用的	【2016年、2018年考过】
（2）超过安全技术标准或者制造厂家规定的使用年限的	【2016年、2018年、2021年考过】
（3）经检验达不到安全技术标准规定的	【2016年、2018年、2021年考过】
（4）没有完整安全技术档案的	【2021年考过】
（5）没有齐全有效的安全保护装置的	【2021年考过】
注意：建筑起重机械有以上第（1）（2）（3）项情形之一的，出租单位或者自购建筑起重机械的使用单位应当予以报废，并向原备案机关办理注销手续	

1Z307000　建设工程质量法律制度

1Z307010　工程建设标准

专项突破1　标准的分类

例题：根据《标准化法》的规定，标准包括（　　　）。

A. 强制性国家标准　　　　　　　　B. 推荐性国家标准

C. 行业标准　　　　　　　　　　　D. 地方标准

E. 企业标准　　　　　　　　　　　F. 团体标准

【答案】A、B、C、D、E、F

重点难点专项突破

1. 本考点还可以考核的题目有：

（1）《标准化法》规定，国家标准分为（A、B）。

（2）《标准化法》规定，（C、D）是推荐性标准。

（3）《标准化法》规定，对没有推荐性国家标准、需要在全国某个行业范围内统一的技术要求，可以由国务院有关行政主管部门制定（C）。【2022年考过】

（4）《标准化法》规定，为满足地方自然条件、风俗习惯等特殊技术要求，可以制定（D）。

（5）《标准化法》规定，企业可以根据需要或者与其他企业联合制定（E）。

（6）《团体标准管理规定》规定，（F）是依法成立的社会团体为满足市场和创新需要，协调相关市场主体共同制定的标准。

2. 牢记：只有强制性国家标准必须执行。

专项突破2　工程建设国家标准与行业标准

例题：《标准化法》规定，对保障人身健康和生命财产安全、国家安全、生态环境安全以及满足经济社会管理基本需要的技术要求，应当制定（　　　）。

A. 强制性国家标准　　　　　　　　B. 推荐性国家标准

C. 行业标准　　　　　　　　　　　D. 企业标准

【答案】A

重点难点专项突破

1. 本考点还可以考核的题目有：

（1）《标准化法》规定，对满足基础通用、与强制性国家标准配套、对各有关行业起引领作用等需要的技术要求，可以制定（B）。【2022年考过】

（2）《标准化法》规定，国务院有关行政主管部门依据职责负责（A）的项目提出、组织起草、征求意见和技术审查和组织实施。

（3）《标准化法》规定，国务院标准化行政主管部门负责（A）的立项、编号和对外通报和依据授权批准发布。【2020年、2021年考过】

（4）《标准化法》规定，省、自治区、直辖市人民政府标准化行政主管部门可以向国务院标准化行政主管部门提出（A）的立项建议，由国务院标准化行政主管部门会同国务院有关行政主管部门决定。

（5）《标准化法》规定，（B）由国务院标准化行政主管部门制定。【2020年考过】

（6）《标准化法》规定，（A）由国务院批准发布或者授权批准发布。【2022年考过】

（7）《标准化法》规定，（A、B、C）的复审周期一般为5年。【2020年考过】

（8）《标准化法》规定，（C）由国务院有关行政主管部门制定，并报国务院标准化行政主管部门备案。【2022年考过】

（9）《标准化法》规定，（A）应当免费向社会公开。【2022年考过】

2. D选项为考试时可能会出现的干扰项。

3. 注意：强制性国家标准的解释与标准具有同等效力。

专项突破3　工程建设国家标准与行业标准的范围

工程建设国家标准的范围	工程建设行业标准的范围
（1）工程建设勘察、规划、设计、施工（包括安装）及验收等通用的质量要求。【2015年、2017年、2022年考过】 （2）工程建设通用的有关安全、卫生和环境保护的技术要求。【2013年、2015年、2017年、2022年考过】 （3）工程建设通用的术语、符号、代号、量与单位、建筑模数和制图方法。【2017年、2022年考过】 （4）工程建设通用的试验、检验和评定等方法。【2013年、2015年、2017年、2022年考过】 （5）工程建设通用的信息技术要求。【2014年、2022年考过】 （6）国家需要控制的其他工程建设通用的技术要求	（1）工程建设勘察、规划、设计、施工（包括安装）及验收等行业专用的质量要求。 （2）工程建设行业专用的有关安全、卫生和环境保护的技术要求。 （3）工程建设行业专用的术语、符号、代号、量与单位和制图方法。 （4）工程建设行业专用的试验、检验和评定等方法。 （5）工程建设行业专用的信息技术要求。 （6）其他工程建设行业专用的技术要求

重点难点专项突破

1. 通过上表可以看出，国家标准的范围与行业标准的范围还是很容易进行区分的。国家标准是"通用的"而行业标准是"行业的"。

2. 本考点还需要掌握以下采分点：

行业标准在相应的国家标准实施后，应当及时修订或废止。【2020年考过】

专项突破4　工程建设团体标准与企业标准

例题：《标准化法》规定，制定（　　　），应当遵循开放、透明、公平的原则，保证各参与主体获取相关信息，反映各参与主体的共同需求，并应当组织对标准相关事项进行调查分析、实验、论证。

A. 团体标准　　　　　　　　　　B. 企业标准
C. 行业标准　　　　　　　　　　D. 地方标准

【答案】A

重点难点专项突破

1. 本考点还可以考核的题目有:

（1）《标准化法》规定，国家支持在重要行业、战略性新兴产业、关键共性技术等领域利用自主创新技术制定（A、B）。**【2019年、2020年考过】**

（2）《团体标准管理规定》规定，禁止利用（A）实施妨碍商品、服务自由流通等排除、限制市场竞争的行为。

（3）《团体标准管理规定》规定，制定（A）的一般程序包括提案、立项、起草、征求意见、技术审查、批准、编号、发布、复审。**【2020年考过】**

（4）《标准化法》规定，国家鼓励社会团体、企业制定高于推荐性标准相关技术要求的（A、B）。**【2020年考过】**

（5）《标准化法》规定，国家实行（A、B）自我声明公开和监督制度。**【2019年、2021年考过】**

（6）《标准化法》规定，企业应当公开其执行的强制性标准、推荐性标准、（A、B）的编号和名称。

（7）《标准化法》规定，企业执行自行制定的（B）的，应当公开产品、服务的功能指标和产品的性能指标。**【2021年考过】**

（8）《标准化法》规定，国家鼓励（A、B）通过标准信息公共服务平台向社会公开。

2. C、D选项为考试时可能会出现的干扰选项。

3. 注意：推荐性国家标准、行业标准、地方标准、团体标准、企业标准的技术要求不得低于强制性国家标准的相关技术要求。

专项突破 5 对工程建设强制性标准的监督检查

例题： 根据《实施工程建设强制性标准监督规定》，( )负责全国实施工程建设强制性标准的监督管理工作。

A. 国务院住房城乡建设主管部门

B. 县级以上地方人民政府住房城乡建设主管部门

C. 建设项目规划审查机构

D. 施工图设计文件审查单位

E. 建筑安全监督管理机构

F. 工程质量监督机构

G. 工程建设标准批准部门

【答案】 A

重点难点专项突破

1. 本考点还可以考核的题目有：

（1）根据《实施工程建设强制性标准监督规定》，（B）负责本行政区域内实施工程建设强制性标准的监督管理工作。

（2）根据《实施工程建设强制性标准监督规定》，（C）应当对工程建设规划阶段执行强制性标准的情况实施监督。

（3）根据《实施工程建设强制性标准监督规定》，（D）应当对工程建设勘察、设计阶段执行强制性标准的情况实施监督。

（4）根据《实施工程建设强制性标准监督规定》，（E）应当对工程建设施工阶段执行施工安全强制性标准的情况实施监督。

（5）根据《实施工程建设强制性标准监督规定》，（F）应当对工程建设施工、监理、验收等阶段执行强制性标准的情况实施监督。

（6）根据《实施工程建设强制性标准监督规定》，（G）应当对工程项目执行强制性标准情况进行监督检查。**【2017年考过】**

2. 本考点需要重点掌握的内容有两项：一是监督管理机构都有哪些；二是对什么内容进行监督管理。以上题目均是对监督管理机构的考查，下面再来看一下监督检查的内容都有哪些。

工程建设强制性标准的监督检查内容	历年考查情况
（1）工程技术人员是否熟悉、掌握强制性标准	**【2016年、2019年考过】**
（2）工程项目的规划、勘察、设计、施工、验收等是否符合强制性标准的规定	**【2010年、2016年、2019年考过】**
（3）工程项目采用的材料、设备是否符合强制性标准的规定	**【2010年、2016年、2019年考过】**
（4）工程项目的安全、质量是否符合强制性标准的规定	**【2010年考过】**
（5）工程项目采用的导则、指南、手册、计算机软件的内容是否符合强制性标准的规定	**【2019年考过】**

1Z307020 施工单位的质量责任和义务

专项突破1 总分包单位的质量责任

项目	内容
总承包单位的质量责任	建筑工程实行总承包的，工程质量由工程总承包单位负责，总承包单位将建筑工程分包给其他单位的，应当对分包工程的质量与分包单位承担连带责任。【2020年、2021年考过】
	分包工程总承包发生质量问题时，建设单位有权向总承包单位主张权利【2010年、2011年、2013年、2014年、2019年考过】
分包单位的质量责任	分包单位应当接受总承包单位的质量管理，按照分包合同的约定对其分包工程的质量向总承包单位负责。【2012年考过】
	分包工程总承包发生质量问题时，建设单位有权向分包单位主张权利【2011年、2014年考过】

重点难点专项突破

1. 总承包单位与分包单位在施工质量上承担的是连带责任。正确理解"连带责任"是得分的关键，此处的连带责任，简单说就是当分包工程发生了质量责任或者违约责任时，建设单位此时可以向总承包单位或分包单位任意一方追责，亦可向双方同时追责（只要总和不超过其权利范围即可）。下列来看一道典型例题：

施工企业乙经建设单位甲同意，将部分非主体工程分包给施工企业丙，丙又将其中部分工程违法分包给施工企业丁。后丁因工作失误致使工程不合格，甲欲索赔。关于责任承担的说法，正确的有（   ）。【2011年真题】

A. 甲有权要求乙承担民事责任　　　　B. 甲有权要求丙承担民事责任

C. 甲无权要求丁承担民事责任　　　　D. 乙向甲承担民事责任后，有权向丙追偿

E. 丙向乙承担民事责任后，有权向丁追偿

【答案】A、B、D、E

2. 本考点可能会这样命题：

（1）关于总分包单位的质量责任的说法，正确的是（   ）。

A. 分包工程质量由分包单位自行向建设单位负责

B. 总承包单位与分包单位对分包工程的质量各自向建设单位承担相应的责任

C. 分包单位应当接受总承包单位的质量管理

D. 分包工程发生质量问题，建设单位只能向总承包单位请求赔偿

【答案】C

（2）关于建设工程总分包责任，说法正确的是（   ）。

A. 总承包单位应当对分包工程的质量与分包单位向建设单位承担连带责任

B. 分包工程出现质量问题，建设单位仅能要求分包单位承担责任

C. 经建设单位同意分包的工程，总承包单位对分包工程的质量可以不承担责任

D. 总承包单位与分包单位对分包工程的质量各自向建设单位承担相应责任

【答案】A

专项突破2　施工检测的见证取样和送检

项目	内容
送检比例	涉及结构安全的试块、试件和材料见证取样和送检的比例不得低于有关技术标准中规定应取样数量的30%
送检范围	下列试块、试件和材料必须实施见证取样和送检： （1）用于承重结构的混凝土试块；【2013年、2015年考过】 （2）用于承重墙体的砌筑砂浆试块；【2013年、2019年、2022年考过】 （3）用于承重结构的钢筋及连接接头试件；【2013年、2017年考过】 （4）用于承重墙的砖和混凝土小型砌块； （5）用于拌制混凝土和砌筑砂浆的水泥；【2017年、2022年考过】 （6）用于承重结构的混凝土中使用的掺加剂； （7）地下、屋面、厕浴间使用的防水材料；【2013年、2017年考过】 （8）国家规定必须实行见证取样和送检的其他试块、试件和材料
取样送检过程	在施工过程中，见证人员应按照见证取样和送检计划，对施工现场的取样和送检进行见证。取样人员应在试样或其包装上作出标识、封志。标识和封志应标明工程名称、取样部位、取样日期、样品名称和样品数量，并由见证人员和取样人员签字。见证人员和取样人员应对试样的代表性和真实性负责【2015年、2020年考过】

重点难点专项突破

1. 必须实施见证取样送检的试块、试件和材料范围的记忆口诀：5承重＋1水泥＋1防水。

2. 本考点可能会这样命题：

（1）施工人员对涉及结构安全的试块，应当现场采样并提交检测，负责见证监督的单位是（　　　）。

A. 设计单位或者监理单位

B. 建设工程质量监督机构或者监理单位

C. 施工图审查机构或者建设单位

D. 监理单位或者建设单位

【答案】D

（2）根据《房屋建筑工程和市政基础设施工程实行见证取样和送检的规定》，涉及结构安全的试块、试件和材料见证取样和送检的最低比例是有关技术标准中规定应取样数量的（　　　）。

A. 20%　　　　　　　　　　　　　　　B. 30%

C. 25%　　　　　　　　　　　　　　　D. 40%

【答案】B

（3）关于建设工程见证取样的说法，正确的是（　　　）。

A. 施工人员对工程涉及结构安全的试块、试件和材料，应当在建设单位或工程监理单位监督下现场取样

B. 取样人员和见证人员应当在试样或其包装上作出标识、封志

C. 墙体保温材料应当根据建设单位的实际需要决定是否实施见证取样和送检

D. 见证人员应当由施工企业中具备施工试验知识的专业技术人员担任

【答案】A

（4）根据《房屋建筑工程和市政基础设施工程实行见证取样和送检的规定》，必须实施见证取样和送检的试块、试件和材料是（   ）。【2022年真题】

A. 用于拌制混凝土和砌筑砂浆的水泥

B. 用于非承重墙体的砌筑砂浆试块

C. 用于抹灰的水泥砂浆

D. 外墙装饰材料

【答案】A

专项突破3   工程质量检测单位的资质和检测规定

项目	内容
检测机构	工程质量检测机构是具有独立法人资格的中介机构。检测机构资质按照其承担的检测业务内容分为专项检测机构资质和见证取样检测机构资质。【2013年、2020年考过】 检测机构不得与行政机关，法律、法规授权的具有管理公共事务职能的组织以及所检测工程项目相关的设计单位、施工单位、监理单位有隶属关系或者其他利害关系。【2020年考过】 检测机构应将检测过程中发现的建设单位、监理单位、施工单位违反有关法律、法规和工程建设强制性标准的情况，以及涉及结构安全检测结果的不合格情况，及时报告工程所在地建设主管部门。【2014年考过】 检测机构不得转包检测业务。检测机构应当对其检测数据和检测报告的真实性和准确性负责。【2011年、2018年考过】 检测机构应当建立档案管理制度，并应当单独建立检测结果不合格项目台账【2012年、2014年、2021年考过】
检测人员	检测人员不得同时受聘于两个或者两个以上的检测机构。【2011年、2021年考过】 检测机构和检测人员不得推荐或者监制建筑材料、构（配）件和设备【2018年考过】
检测报告	检测报告经检测人员签字、检测机构法定代表人或者其授权的签字人签署，并加盖检测机构公章或者检测专用章后方可生效。【2011年、2014年考过】 如果检测结果利害关系人对检测结果发生争议的，由双方共同认可的检测机构复检，复检结果由提出复检方报当地建设主管部门备案。【2018年考过】 检测报告经建设单位或者工程监理单位确认后，由施工单位归档【2020年考过】

重点难点专项突破

1. 本考点基本每年都会考到，一定要掌握。

2. 本考点可能会这样命题：

（1）检测结果利害关系人对检测结果发生争议，由（   ）复检。

A. 双方共同认可的检测机构　　　　B. 原检测机构

C. 上级检测机构　　　　D. 建设行政主管部门

【答案】A

（2）关于工程质量检测的说法，正确的是（   ）。

A. 检测机构应当建立档案管理制度，并应当单独建立检测结果不合格项目台账

B. 应当由施工企业委托具有相应资质的检测机构进行检测

C. 检测机构可以监制建筑材料、构配件和设备

D. 检测报告经设计单位或者工程监理单位确认后，由建设单位归档

【答案】A

（3）关于工程质量检测的说法，正确的是（　　）。

A. 检测报告必须由检测机构法定代表人签署

B. 检测机构可以是不具有独立法人资格的非营利性中介机构

C. 检测人员不得同时受聘于两个或两个以上检测机构

D. 检测数据和检测报告仅供施工企业参考

【答案】C

专项突破4　建设工程的返修和保修

例题：《建设工程质量管理条例》规定，（　　）对施工中出现质量问题的建设工程或者竣工验收不合格的建设工程，应当负责返修。

A. 施工单位　　　　　　　　　　　　　B. 建设单位

C. 责任单位　　　　　　　　　　　　　D. 设计单位

【答案】A

重点难点专项突破

1. 本考点还可以考核的题目有：

（1）《民法典》规定，因施工人的原因致使建设工程质量不符合约定的，（B）有权要求施工人在合理期限内无偿修理或者返工、改建。

（2）对于非施工单位原因造成的质量问题，（A）应当负责返修。

（3）对于非施工单位原因造成的质量问题的损失及返修费用由（C）承担。

（4）建设工程竣工经验收后，在规定的保修期限内，因勘察、设计、施工、材料等原因造成的质量缺陷，由（A）负责维修、返工或更换，由（C）负责赔偿损失的法律制度。

2. D选项为考试时可能会出现的干扰选项。

3. 隐蔽工程在隐蔽前，施工单位应当通知建设单位和建设工程质量监督机构。

【2022年考过】

4. 返修和保修这两个概念较为相似，考生可从下面三个要点对比理解和记忆。

【要点1】发生时间

返修	保修
① 施工过程中出现质量问题时。 ② 建设工程竣工验收不合格时	建设工程竣工经验收后的保修期限内

【要点2】返修/保修主体

返修	保修
施工单位	施工单位

1Z307030　建设单位及相关单位的质量责任和义务

专项突破1　建设单位及相关单位的质量责任和义务

例题： 施工单位的质量责任和义务包括（　　　）。

A. 对工程的施工质量负责

B. 按照工程设计图纸和施工技术标准施工，不得偷工减料

C. 对建筑材料、设备等进行检验检测

D. 对施工质量进行检验和返修

E. 建立健全职工教育培训制度

F. 依法发包工程

G. 依法向有关单位提供原始资料

H. 限制不合理的干预行为【2022年考过】

I. 将施工图设计文件报县级以上人民政府建设行政主管部门或者其他有关部门审查

J. 将需要监理的工程委托给具有相应资质等级的工程监理单位进行监理【2015年、2019年考过】

K. 在开工报告前，按照国家有关规定办理工程质量监督手续

L. 涉及建筑主体和承重结构变动的装修工程，委托原设计单位或者具有相应资质等级的设计单位提出设计方案【2012年考过】

M. 从事建设工程勘察的单位应当依法取得相应等级的资质证书

N. 按照工程建设强制性标准进行勘察

O. 设计单位不得转包或者违法分包所承揽的工程【2013年考过】

P. 对因设计导致的工程质量事故或质量问题承担责任【2016年考过】

Q. 设计文件应当符合国家规定的设计深度要求，注明工程合理使用年限【2020年、2022年考过】

R. 在设计文件中选用的建筑材料、建筑构配件和设备，应当注明规格、型号、性能等技术指标【2019年、2020年考过】

S. 依法对设计文件进行技术交底【2014年、2022年考过】

T. 除有特殊要求的建筑材料、专用设备、工艺生产线等外，不得指定生产厂、供应商【2011年、2017年考过】

U. 在资质等级许可的监理范围内，承担工程监理业务

V. 不得转让工程监理业务

W. 不得与被监理工程的施工承包单位以及建筑材料、建筑构配件和设备供应单位有隶属关系【2011年、2012年、2013年、2020年、2021年考过】

X. 选派具备相应资格的总监理工程师和监理工程师进驻施工现场

Y. 依照法律、法规以及有关技术标准、设计文件和建设工程承包合同，代表建设单位对施工质量实施监理，并对施工质量承担监理责任

Z. 不得明示或暗示施工单位使用不合格的建筑材料、建筑构配件和设备【2022年考过】

【答案】A、B、C、D、E

重点难点专项突破

1. 本考点还可以考核的题目有：

（1）建设单位的质量责任和义务包括（F、G、H、I、J、K、L、Z）。

（2）勘察单位的质量责任和义务包括（M、N）。

（3）设计单位的质量责任和义务包括（O、P、Q、R、S、T）。

（4）监理单位的质量责任和义务包括（U、V、W、X、Y）。

2. 按工程设计图纸施工，是保证工程实现设计意图的前提，也是明确划分设计、施工单位质量责任的前提。如果施工单位在施工过程中发现设计文件和图纸中存在差错时，应当如何处理呢？

答：《建设工程质量管理条例》规定，施工单位在施工过程中发现设计文件和图纸有差错的，应当及时提出意见和建议。【2009年、2010年、2012年、2013年、2016年、2017年、2019年考过】

3. G选项中的"有关单位"指的是有关的勘察、设计、施工、工程监理等单位，注意这一采分点可能会进行考查。

4. 注意：建设单位依法实行监理并不只有J选项所述一种方法，建设单位也可以委托具有工程监理相应资质等级并与被监理工程的施工承包单位没有隶属关系或者其他利害关系的该工程的设计单位进行监理。

5. 对于K选项需要注意两个要点：

【要点1】工程质量监督手续可以与施工许可证或者开工报告合并办理。【2020年考过】

【要点2】建设单位办理工程质量监督手续时，应提供的文件和资料有哪些？

答：建设单位办理工程质量监督手续，应提供以下文件和资料：工程规划许可证；设计单位资质等级证书；监理单位资质等级证书，监理合同及工程项目监理登记表；施工单位资质等级证书及营业执照副本；工程勘察设计文件；中标通知书及施工承包合同；等等。【2012年、2018年、2019年考过】

6. Q选项中的"工程合理使用年限"是指从工程竣工验收合格之日起，工程的地基基础、主体结构能保证在正常情况下安全使用的年限。【2014年、2018年考过】

7. 哪几类建设工程必须实行监理？

答：（1）国家重点建设工程；（2）大中型公用事业工程；（3）成片开发建设的住宅小区工程；（4）利用外国政府或者国际组织贷款、援助资金的工程；（5）国家规定必须实行监理的其他工程。【2022年考过】

专项突破2　工程监理

项目	内容
监理工作的主要依据	法律、法规；有关技术标准；设计文件；建设工程承包合同【2009年、2010年考过】
工程监理的职责和权限	（1）未经监理工程师签字，建筑材料、建筑构配件和设备不得在工程上使用或者安装，施工单位不得进行下一道工序的施工。 （2）未经总监理工程师签字，建设单位不拨付工程款，不进行竣工验收。【2013年、2017年、2021年考过】 『注意：在做题时要注意区分题干中问的是监理工程师还是总监理工程师，两者产生的后果是不同的』 （3）工程监理实行总监理工程师负责制
工程监理的形式	旁站、巡视和平行检验【2021年考过】

重点难点专项突破

1. 重点掌握工程监理的职责和权限。
2. 本考点可能会这样命题：
（1）必须经总监理工程师签字确认后方可实施的工作是（　　　）。

A. 工程控制网测量复核　　　　B. 分项工程质量验收

C. 下一道工序施工　　　　　　D. 建设工程竣工验收

【答案】D

（2）项目监理机构在实施工程监理时，其主要的监理依据有（　　　）。

A. ISO 质量管理体系　　　　　B. 工程建设国家强制性标准

C. 工程设计文件　　　　　　　D. 施工企业管理制度

E. 建设工程施工合同

【答案】B、C、E

1Z307040　建设工程竣工验收制度

专项突破1　建设工程竣工验收的主体和法定条件

序号	建设工程竣工验收应具备的条件	记忆关键词
1	完成建设工程设计和合同约定的各项内容【2011年、2013年、2016年、2021年考过】	"实体硬件"
2	有完整的技术档案和施工管理资料【2011年、2013年、2016年、2021年考过】	"软件"

序号	建设工程竣工验收应具备的条件	记忆关键词
3	有工程使用的主要建筑材料、建筑构配件和设备的进场试验报告【2016年考过】	试验报告
4	有勘察、设计、施工、工程监理等单位分别签署的质量合格文件【2011年、2013年考过】	质量合格文件
5	有施工单位签署的工程保修书【2016年、2021年考过】	保修书

重点难点专项突破

1. "技术档案和施工管理资料"包括：工程项目竣工验收报告；分项、分部工程和单位工程技术人员名单；图纸会审和技术交底记录；设计变更通知单，技术变更核实单；工程质量事故发生后调查和处理资料；隐蔽验收记录及施工日志；竣工图；质量检验评定资料等；合同约定的其他资料。【2012年考过】

2. 本考点共两个采分点：一是建设工程竣工验收的主体有哪些；二是建设工程竣工验收的条件。上述例题是对建设工程竣工验收条件的考查，下面来讲一下建设工程竣工验收的主体有哪些。

《建设工程质量管理条例》规定，建设单位收到建设工程竣工报告后，应当组织设计、施工、工程监理等有关单位进行竣工验收。【2012年、2015年、2018年考过】

通过这一条文规定我们可以得到两个要点：

【要点1】组织建设工程竣工验收的主体是：建设单位。

【要点2】参加建设工程竣工验收的主体有：建设、设计、施工、工程监理等单位。

3. 本考点可能会这样命题：

建设工程竣工验收应当具备的条件有（   ）。

A. 有完整的技术档案和施工管理资料

B. 有施工企业签署的工程保修书

C. 有工程使用的主要建筑材料、建筑构配件和设备的进场试验报告

D. 有勘察、设计、施工、监理等单位分别签署的质量合格文件

E. 已经办理工程竣工资料归档手续

【答案】A、B、C、D

专项突破2　建设工程的规划、消防、环保验收

例题：《城乡规划法》规定，建设单位应当在竣工验收后6个月内向城乡规划主管部门报送有关竣工验收资料。（   ）应当按照规定对建设工程是否符合规划条件予以核实。未经核实或者经核实不符合规划条件的，建设单位不得组织竣工验收。【2020年考过】

A. 县级以上地方人民政府城乡规划主管部门

B. 住房和城乡建设主管部门

C. 国务院环境保护行政主管部门

D. 公安机关消防机构

【答案】A

重点难点专项突破

1. 本考点还可以考核的题目有：

（1）《消防法》规定，国务院住房和城乡建设主管部门规定应当申请消防验收的建设工程竣工，建设单位应当向（B）申请消防验收。

> 提问：《消防法》对于国务院住房和城乡建设主管部门规定应当申请消防验收的建设工程以外的其他建设工程是如何规定的呢？
>
> 答：建设单位在验收后应当报住房和城乡建设主管部门备案，住房和城乡建设主管部门应当进行抽查。

（2）《建设工程消防监督管理规定》规定，（D）应当自受理消防验收申请之日起20日内组织消防验收，并出具消防验收意见。

（3）《建设项目环境保护管理条例》规定，编制环境影响报告书、环境影响报告表的建设项目竣工后，建设单位应当按照（C）规定的标准和程序，对配套建设的环境保护设施进行验收，编制验收报告。

2. 上述例题的题干部分涉及一个单项选择题的采分点，即"6个月内"。

3. 考生还需要掌握以下可考采分点：

（1）建设工程竣工后，建设单位应当依法向城乡规划行政主管部门提出竣工规划验收申请。对于验收合格的，由城乡规划行政主管部门出具规划认可文件或核发建设工程竣工规划验收合格证。【2019年、2020年考过】

（2）建设单位应当自建设工程竣工验收合格之日起15日内，将建设工程竣工验收报告和规划、公安消防、环保等部门出具的认可文件或者准许使用文件报建设行政主管部门或者其他有关部门备案。

专项突破3　建筑节能分部工程验收的程序和组织

例题：根据《建筑工程施工质量验收统一标准》GB 50300—2013的规定，节能工程的检验批验收和隐蔽工程验收应由监理工程师主持，（　　）参加。

A. 施工单位相关专业的质量检查员　　　B. 施工员

C. 施工单位项目技术负责人　　　D. 施工单位项目经理

E. 设计单位节能设计人员

【答案】A、B

重点难点专项突破

1. 针对以上备选项，还可能考核的题目有：

（1）根据《建筑工程施工质量验收统一标准》GB 50300—2013的规定，节能分项工程验收应由监理工程师主持，（A、B、C）参加，必要时可邀请设计单位相关专业的人员参加。

专项突破4　竣工结算文件的审查期限

例题：根据《建设工程价款结算暂行办法》，对于工程竣工结算报告金额500万元以下的，发包人应从接到竣工结算报告和完整的竣工结算资料之日起（　　）天内进行核对并提出审查意见。【2021年考过】

A. 20

B. 30

C. 45【2011年考过】

D. 60

【答案】A

重点难点专项突破

1. 本考点还可以考核的题目有：

（1）根据《建设工程价款结算暂行办法》，对于工程竣工结算报告金额500万元~2000万元的，发包人应从接到竣工结算报告和完整的竣工结算资料之日起（B）天内进行核对并提出审查意见。

（2）根据《建设工程价款结算暂行办法》，对于工程竣工结算报告金额2000万元~5000万元的，发包人应从接到竣工结算报告和完整的竣工结算资料之日起（C）天内进行核对并提出审查意见。

（3）某施工合同约定以《建设工程价款结算暂行办法》作为结算依据，该工程结算价约4000万元，发包人应从接到承包人竣工结算报告和完整的竣工结算资料之日起（C）天内核对（审查）完毕并提出审查意见。【2011年真题题干】

（4）根据《建设工程价款结算暂行办法》，对于工程竣工结算报告金额5000万元以上的，发包人应从接到竣工结算报告和完整的竣工结算资料之日起（D）天内进行核对并提出审查意见。

2. 注意"500万元以下""500万元~2000万元""2000万元~5000万元""5000万元以上"等不同区间范围所对应的审查期限。

专项突破5　竣工工程质量争议的处理

例题：《关于审理建设工程施工合同纠纷案件适用法律问题的解释（一）》规定，因承包人的原因造成建设工程质量不符合约定，承包人拒绝修理、返工或者改建，发包人请求减少支付工程价款的，人民法院（　　）。

A. 应予支持

B. 不予支持

C. 准许重新鉴定

D. 依法发出支付令

【答案】A

1. 本考点还可以考核的题目有：

《关于审理建设工程施工合同纠纷案件适用法律问题的解释（一）》规定，建设工程未经竣工验收，发包人擅自使用后，又以使用部分质量不符合约定为由主张权利的，人民法院（B），但承包人应当在建设工程的合理使用寿命内对地基基础工程和主体结构质量承担民事责任。【2019年、2021年考过】

2. C、D选项为考试时可能会出现的干扰项。

3. 竣工工程质量争议的处理主要包括三个方面：承包方责任的处理、发包方责任的处理以及未经竣工验收擅自使用的处理。上面两道题考查是承包方责任的处理以及未经竣工验收擅自使用的处理，而发包方责任的处理记住以下内容即可：

《关于审理建设工程施工合同纠纷案件适用法律问题的解释（一）》规定，发包人具有下列情形之一，造成建设工程质量缺陷，应当承担过错责任：

（1）提供的设计有缺陷；

（2）提供或者指定购买的建筑材料、建筑构配件、设备不符合强制性标准；

（3）直接指定分包人分包专业工程。

专项突破6　竣工验收报告备案

例题：《房屋建筑和市政基础设施工程竣工验收备案管理办法》规定，建设单位应当自工程竣工验收合格之日起15日内，向工程所在地的县级以上地方人民政府建设主管部门备案。建设单位办理工程竣工验收备案应当提交的文件有（　　　）。【2012年、2013年考过】

A. 工程竣工验收备案表【2013年考过】

B. 工程竣工验收报告【2012年、2013年考过】

C. 法律、行政法规规定应由规划、环保等部门出具的认可文件或准许使用文件

D. 施工单位签署的工程质量保修书【2012年、2013年考过】

E. 住宅工程的住宅质量保证书、住宅使用说明书【2012年考过】

F. 地下管线工程项目准备阶段文件、监理文件、施工文件、竣工验收文件和竣工图

G. 地下管线竣工测量成果

【答案】A、B、C、D、E、F

1. 本考点还可以考核的题目有：

《城市地下管线工程档案管理办法》规定，建设单位在地下管线工程竣工验收备案前，应当向城建档案管理机构移交的档案资料有（G、H）。

2. 例题的题干部分也可独立成题进行考核，考核点是"15日""工程所在地的县级以上地方人民政府建设主管部门"。

1Z307050　建设工程质量保修制度

专项突破1　建设工程质量保修书

项目		内容
提交主体		承包单位
提交时间		向建设单位提交工程竣工验收报告时【2011年、2013年、2015年考过】
主要内容	保修范围【2012年考过】	应包括地基基础工程、主体结构工程、屋面防水工程和其他土建工程，以及电气管线、上下水管线的安装工程，供热、供冷系统工程等项目
	保修期限	自竣工验收合格之日起计算【2012年、2022年考过】
	保修责任【2012年考过】	施工单位在保修书中应向建设单位承诺保修范围、保修期限和有关具体实施保修的措施、不履行保修责任的罚则等内容。 　　施工单位在建设工程质量保修书中，应当对建设单位合理使用建设工程有所提示。如果是因建设单位或者用户使用不当或擅自改动结构、设备位置以及不当装修等造成质量问题的，施工单位不承担保修责任；由此而造成的质量受损或者其他用户损失，应当由责任人承担相应的责任。 　　因保修人未及时履行保修义务，导致建筑物损毁或者造成人身、财产损害的，保修人应当承担赔偿责任【2021年考过】

重点难点专项突破

1. 本考点需要着重掌握两个采分点：一是质量保修书的内容；二是质量保修书的提交主体及时间。

2. 本考点可能会这样命题：

（1）建设工程承包单位应当向建设单位出具质量保修书，其内容包括建设工程的（　　　　）。

A. 保修范围　　　　　　　　　　B. 工程简况和施工管理要求

C. 保修期限　　　　　　　　　　D. 保修责任

E. 超过合理使用年限继续使用的条件

【答案】A、C、D

（2）根据《建设工程质量管理条例》，法定质量保修范围有（　　　　）。

A. 土石方工程　　　　　　　　　B. 地基基础工程

C. 电气管线工程　　　　　　　　D. 景观绿化工程

E. 屋面防水工程

【答案】B、C、E

专项突破2　建设工程质量的最低保修期限

例题：《建设工程质量管理条例》规定，在正常使用条件下，最低保修期限为5年的工程范围有（　　　）。

  A．房屋建筑的基础设施工程【2022年考过】

  B．房屋建筑的地基基础工程

  C．房屋建筑的主体结构工程【2022年考过】

  D．屋面防水工程【2022年考过】

  E．有防水要求的卫生间工程

  F．房间和外墙面的防渗漏工程

  G．供热与供冷系统工程【2022年考过】

  H．电气管线工程

  I．设备安装工程【2022年考过】

  J．给排水管道工程【2021年考过】

  K．装修工程【2022年考过】

  【答案】D、E、F

重点难点专项突破

  1．本考点还可以考核的题目有：

  （1）《建设工程质量管理条例》规定，在正常使用条件下，最低保修期限为设计文件规定的合理使用年限的工程范围是（A、B、C）。

  （2）《建设工程质量管理条例》规定，在正常使用条件下，最低保修期限为2个采暖期、供冷期的工程是（G）。

  （3）《建设工程质量管理条例》规定，在正常使用条件下，最低保修期限为2年的工程范围有（H、I、J、K）。

  2．关于保修期还需要掌握以下要点：

  【要点1】建设工程的保修期应从工程竣工验收合格之日起计算。（注：与缺陷责任期的起始日相同）【2012年、2016年考过】

  【要点2】建设单位与施工单位经平等协商另行签订保修合同的，其保修期限可以高于法定的最低保修期限，但不能低于最低保修期限，否则视作无效。

  3．除了要掌握各类工程的最低保修期限外还需要注意《建设工程质量管理条例》规定最低保修期限的工程有哪些，这一采分点曾采用下题的形式考查：

  根据《建设工程质量管理条例》，具有法定最低保修期限的有（　　　）。【2011年真题】

  A．基础设施工程   B．设备安装、装修工程

  C．门禁监控系统   D．电气管线、给水排水管道工程

  E．供热与供冷系统

  【答案】A、B、D、E

  4．现在来讲一下本考点最后一个采分点——建设工程超过合理使用年限后需要继续使用的规定。

先来思考一个问题：

建设工程在超过合理使用年限后是否可以继续使用呢？如果要继续使用应采取怎样的措施呢？

《建设工程质量管理条例》规定，建设工程在超过合理使用年限后需要继续使用的，产权所有人应当委托具有相应资质等级的勘察、设计单位鉴定，并根据鉴定结果采取加固、维修等措施，重新界定使用期。【2013年、2017年、2022年考过】

专项突破3　缺陷责任期

例题：缺陷责任期可由发承包双方在合同中约定，一般为（　　　）年。

A. 1   B. 2

C. 90   D. 30

【答案】A

重点难点专项突破

1. 本考点还可以考核的题目有：

（1）缺陷责任期最长不得超过（B）年。

（2）由于发包人原因导致工程无法按规定期限进行竣（交）工验收的，在承包人提交竣（交）工验收报告（C）天后，工程自动进入缺陷责任期。【2022年考过】

2. D选项为考试时可能会出现的干扰项。

3. 除了以上题目所涉及的知识点外，还需要知道缺陷责任期从何时起计算：

缺陷责任期从工程通过竣（交）工验收之日起计。由于承包人原因导致工程无法按规定期限进行竣（交）工验收的，缺陷责任期从实际通过竣（交）工验收之日起计。【2018年、2020年考过】

专项突破4　建设工程质量保证金

项目	内容
预留	应从应付的工程款中预留。 在工程项目竣工前，已经缴纳履约保证金的，建设单位不得同时预留工程质量保证金。【2019年、2020年、2021年考过】 采用工程质量保证担保、工程质量保险等保证方式的，发包人不得再预留保证金。【2020年考过】 保证金总预留比例不得高于工程价款结算总额的3%。 由承包人以银行保函替代预留保证金的，保函金额不得高于工程价款结算总额的3%【2020年考过】
作用	用以保证承包人在缺陷责任期内对出现的缺陷进行维修
管理	缺陷责任期内，实行国库集中支付的政府投资项目，保证金的管理应按国库集中支付的有关规定执行。【2018年考过】 缺陷责任期内，如发包方被撤销，保证金随交付使用资产一并移交使用单位管理。 社会投资项目采用预留保证金方式的，可将保证金交由第三方金融机构托管【2020年考过】

项目	内容
返还	承包人认真履行合同责任，缺陷责任期到期后，承包人向发包人申请返还保证金。 发包人接到承包人返还保证金申请后，应在核实无异议后14日内将保证金返还

重点难点专项突破

1. 本考点在历年考试中的考查频次很高，一定要掌握。

2. 对建筑业企业在工程建设中需缴纳的保证金，除依法依规设立的投标保证金、履约保证金、工程质量保证金、农民工工资保证金外，其他保证金一律取消。**【2022年考过】**

3. 除了以上知识点外，还应掌握建设工程缺陷维修的相关知识。

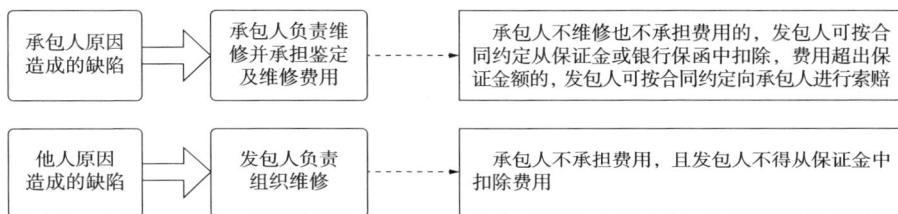

4. 本考点可能会这样命题：

关于建设工程领域保证金的说法，正确的是（　　　）。

A. 省级住房城乡建设主管部门有权新设保证金项目

B. 未按规定返还保证金，保证金收取方无需向建筑业企业支付逾期返还违约金

C. 保证金只能以现金方式提交

D. 工程项目竣工前，已经提交履约保证金的，建设单位不得同时预留工程质量保证金

【答案】 D

1Z308000　解决建设工程纠纷法律制度

1Z308010　建设工程纠纷主要种类和法律解决途径

专项突破1　建设工程纠纷的主要种类

例题： 某政府工程建设项目发、承包双方围绕工程结算款经多次协商也未能达成一致意见，承包人诉诸法院，上述纠纷属于（　　）。

A. 民事纠纷

B. 行政纠纷

C. 涉法涉诉纠纷

D. 劳动纠纷

【答案】A

重点难点专项突破

1. 本考点还可以考核的题目有：

（1）合同纠纷、损害赔偿纠纷等财产关系方面的纠纷属于（A）。

（2）名誉权纠纷、继承权纠纷等人身关系方面的纠纷属于（A）。

> 注意：民事纠纷可分为两大类：一类是财产关系方面的民事纠纷；另一类是人身关系方面的民事纠纷。

（3）在建设工程活动中行政机关之间或行政机关同公民、法人和其他组织之间由于行政行为而引起的纠纷属于（B）。

2. C、D选项为考试时可能会出现的干扰选项。

3. 下面来看一道历年真题：

关于行政行为特征的说法，正确的是（　　）。【2017年真题】

A. 行政行为具有自愿性

B. 实施行政行为具有单方意志性

C. 行政行为具有不可裁量性

D. 行政行为不属于执法行为

【答案】B

【分析】这道题目是对行政纠纷特征的考查，现在来看一下，行政机关的行政行为具有哪些特征。

行政行为的特征	历年考查情况
（1）行政行为是执行法律的行为	【2021年考过】
（2）行政行为具有一定的裁量性	【2021年考过】
（3）行政主体在实施行政行为时具有单方意志性，不必与行政相对方协商或征得其同意，便可依法自主做出	【2013年、2017年、2021年考过】
（4）行政行为是以国家强制力保障实施的，带有强制性	—
（5）行政行为以无偿为原则，以有偿为例外	【2017年、2021年考过】

4. 在建设工程领域，易引发行政纠纷的行政行为有：行政许可、行政处罚、行政强制、行政裁决。

专项突破2　民事纠纷的法律解决途径

例题：民事纠纷的法律解决途径包括（　　　　）。
A. 和解
B. 仲裁
C. 调解
D. 诉讼
【答案】A、B、C、D

重点难点专项突破

1. 本考点还可以考核的题目有：
（1）民事纠纷的法律解决途径中，（A）是民事纠纷的当事人在自愿互谅的基础上，就已经发生的争议进行协商、妥协与让步并达成协议，完全自行解决争议的一种方式。【2019年考过】

> 注意：和解达成的协议不具有强制执行力。

（2）民事纠纷的法律解决途径中，（A）可以在民事纠纷的任何阶段进行，且可与仲裁、诉讼程序相结合。【2010年、2012年、2019年、2021年、2022年考过】
（3）民事纠纷的法律解决途径中，（B）是当事人根据在纠纷发生前或纠纷发生后达成的协议，自愿将纠纷提交第三方（仲裁机构）作出裁决，纠纷各方都有义务执行该裁决的一种解决纠纷的方式。
（4）民事纠纷的法律解决途径中，（D）参与人包括原告、被告、第三人、证人、鉴定人、勘验人等。
（5）当事人双方在合同中约定解决争议的方法只能为调解。当纠纷发生后，若一方坚决不同意调解，此时争议解决方式应为（D）。【2012年真题题干】
2. 知识拓展。
民事纠纷各类法律解决途径的特点，见下图。

专项突破3　仲裁及民事诉讼的基本特点

仲裁的基本特点	民事诉讼的基本特点
（1）自愿性（仲裁最突出的特点）。【2022年考过】 （2）专业性。 （3）独立性（仲裁委员会独立于行政机关，与行政机关没有隶属关系；仲裁委员会之间也没有隶属关系）。【2022年考过】 （4）保密性（仲裁以不公开审理为原则）。 （5）快捷性（仲裁实行一裁终局制度）。【2022年考过】 （6）域外执行力【2022年考过】	（1）公权性。【2019年、2020年考过】 （2）程序性（民事诉讼分为一审程序、二审程序和执行程序三大诉讼阶段）。【2019年、2020年、2021年考过】 （3）强制性【2019年、2020年考过】

重点难点专项突破

1. 民事诉讼基本特点的助记口诀：抢（强）工（公）程。

2. 在对仲裁的特点进行考查时可能会将民事诉讼的特点作为干扰项，反之亦然。因此考生应注意区分。

3. 本考点可能会这样命题：

（1）仲裁的保密性特点体现在其以（　　　）为原则。

A. 不开庭审理　　　　　　　　B. 不允许代理人参加

C. 不公开审理　　　　　　　　D. 不允许证人参加

【答案】C

（2）一裁终局原则体现了仲裁的（　　　）特点。

A. 专业性　　　　　　　　　　B. 自愿性

C. 独立性　　　　　　　　　　D. 快捷性

【答案】D

（3）民事诉讼的基本特点包括（　　　）。

A. 公权性　　　　　　　　　　B. 自愿性

C. 强制性　　　　　　　　　　D. 程序性

E. 保密性

【答案】A、C、D

专项突破4　行政纠纷的法律解决途径

行政复议基本特点	行政诉讼的主要特征
（1）有权提出行政复议的主体，必须是认为行政机关的具体行政行为侵犯其合法权益的公民、法人和其他组织。【2022年考过】 （2）公民、法人和其他组织提出行政复议，必须是在行政机关已经作出具体行政行为之后，否则不存在复议问题。【2022年考过】 （3）当事人只能按照法律规定向有行政复议权的行政机关申请复议。【2022年考过】 （4）行政复议原则上采用书面审查办法【2022年考过】	（1）行政诉讼是法院解决行政机关实施行政行为时与公民、法人或其他组织发生的争议。 （2）行政诉讼为公民、法人或其他组织提供法律救济的同时，具有监督行政机关依法行政的功能。 （3）行政诉讼的被告与原告是恒定的，即被告只能是行政机关，原告则是作为行政行为相对人的公民、法人或其他组织，而不可能互易诉讼身份

重点难点专项突破

1. 关于行政复议的基本特点，要注意"时间""原则上"的限制。
2. 关于行政诉讼的主要特征，要注意"被告与原告是恒定的"。

1Z308020　民事诉讼制度

专项突破1　民事案件的管辖类别

例题：《民事诉讼法》规定的民事案件的管辖包括（　　　）。

A. 级别管辖　　　　　　　　　　　B. 地域管辖【2012年考过】
C. 移送管辖　　　　　　　　　　　D. 指定管辖
E. 管辖权转移　　　　　　　　　　F. 管辖权异议
【答案】A、B、C、D、E

重点难点专项突破

1. 本考点还可以考核的题目有：

（1）根据《民事诉讼法》的规定，（A）是指按照一定的标准，划分上下级法院之间受理第一审民事案件的分工和权限。

（2）按照各法院的辖区和民事案件的隶属关系，划分同级法院受理第一审民事案件的分工和权限，称为（B）。【2012年真题题干】

（3）以法院与当事人、诉讼标的以及法律事实之间的隶属关系和关联关系来确定的是（B）。【2019年考过】

（4）根据《民事诉讼法》的规定，有管辖权的法院由于特殊原因不能行使管辖权的，由上级人民法院（D）。

（5）根据《民事诉讼法》的规定，人民法院之间因管辖权发生争议不能协商解决的，应报请其共同上级人民法院（D）。

（6）根据《民事诉讼法》的规定，（C）是没有管辖权的法院把案件移送给有管辖权的法院审理。

（7）根据《民事诉讼法》的规定，人民法院发现受理的案件不属于本院管辖的，应当移送有管辖权的人民法院，受移送的人民法院应当受理。受移送的人民法院认为受移送的案件依照规定不属于本院管辖的，应当报请上级人民法院（D），不得再自行移送。

（8）根据《民事诉讼法》的规定，（E）是有管辖权的法院把案件转移给原来没有管辖权的法院审理。

（9）根据《民事诉讼法》的规定，可能在上下级法院之间或者在同级法院间发生的是（C）。

（10）根据《民事诉讼法》的规定，（F）应当在提交答辩状期间提出。

> 提问：人民法院对当事人提出的异议如何处理？
>
> 答：人民法院对当事人提出的异议，应当审查。异议成立的，裁定将案件移交有管辖权的人民法院；异议不成立的，裁定驳回。

2. 考生还需要掌握管辖权转移与移送管辖的区别。

移送管辖	管辖权转移
无权法院将案件移送给有管辖权的法院审理（无权→有权）	有权法院将案件转移给原来没有管辖权的法院审理（有权→无权）
可能在上下级法院之间或者在同级法院间发生	仅限于上下级法院之间
二者在程序上不完全相同	

专项突破2　民事诉讼的地域管辖与专属管辖

例题： 根据《民事诉讼法》的规定，对法人或者其他组织提起的民事诉讼，由（　　　）人民法院管辖。

A. 被告经常居住地　　　　　　B. 被告住所地
C. 合同履行地　　　　　　　　D. 原告住所地
E. 合同签订地　　　　　　　　F. 标的物所在地
G. 不动产所在地

【答案】 B

重点难点专项突破

1. 本考点还可以考核的题目有：
（1）根据《民事诉讼法》的规定，对公民提起的民事诉讼，由（B）人民法院管辖。

> 对于本题而言A选项正确的前提："被告住所地与经常居住地不一致。"也就是说应优先选择被告住所地，当被告住所地与经常居住地不一致的才选择经常居住地的人民法院。

（2）因合同纠纷提起的诉讼，可以由（B、C）人民法院管辖。

（3）《关于适用〈中华人民共和国民事诉讼法〉的解释》规定，合同对履行地点没有约定或者约定不明确，且合同没有实际履行，当事人双方住所地都不在合同约定的履行地的，由（B）人民法院管辖。【2012年考过】

（4）《民事诉讼法》规定，合同或者其他财产权益纠纷的当事人可以书面协议选择（B、C、D、E、F）等与争议有实际联系的地点的人民法院管辖，但不得违反本法对级别管辖和专属管辖的规定。

（5）《民事诉讼法》规定，因不动产纠纷提起的诉讼，由（G）人民法院管辖。

（6）根据《民事诉讼法》的规定，房屋买卖纠纷、土地使用权转让纠纷，由（G）人民法院管辖。【2012年考过】

> 注意：建设工程施工合同纠纷按照不动产纠纷确定管辖。

2. 合同履行地如何确定呢？首先应从其约定，但无约定或约定不明时该如何处理呢，具体详见下一采分点。

3. 注意：合同纠纷的管辖可以适用两种规定，下面来具体看一下。

（1）法定管辖：被告住所地或合同履行地。

（2）协议管辖：合同或者其他财产权益纠纷的当事人可以书面协议选择被告住所地、合同履行地、合同签订地、原告住所地、标的物所在地等与争议有实际联系的地点的人民法院管辖。

> 合同纠纷管辖的适用原则：先协议后法定。

专项突破3 合同履行地的确定

例题：《关于适用〈中华人民共和国民事诉讼法〉的解释》规定，合同对履行地点没有约定或者约定不明确，争议标的为给付货币的，（　　　　）为合同履行地。

A. 接收货币一方所在地　　　　　　B. 不动产所在地

C. 履行义务一方所在地　　　　　　D. 交易行为地

【答案】A

重点难点专项突破

本考点还可以考核的题目有：

（1）《关于适用〈中华人民共和国民事诉讼法〉的解释》规定，合同对履行地点没有约定或者约定不明确，交付不动产的，（B）为合同履行地。

（2）《关于适用〈中华人民共和国民事诉讼法〉的解释》规定，合同对履行地点没有约定或者约定不明确，对于货币、不动产外的其他标的，应以（C）为合同履行地。

（3）《关于适用〈中华人民共和国民事诉讼法〉的解释》规定，合同对履行地点没有约定或者约定不明确，对于即时结清的合同，应以（D）为合同履行地。

专项突破4　民事诉讼的当事人

例题： 民事诉讼中的当事人，是指因民事权利和义务发生争议，以自己的名义进行诉讼，请求人民法院进行裁判的公民、法人或其他组织。广义的民事诉讼当事人包括（　　）。

A. 原告【2015年考过】　　　　　　　　B. 被告【2015年考过】

C. 共同诉讼人　　　　　　　　　　　　D. 第三人【2015年考过】

【答案】 A、B、C、D

重点难点专项突破

1. 本考点还可以考核的题目有：

（1）狭义的民事诉讼当事人包括（A、B）。

（2）维护自己的权益或自己所管理的他人权益，以自己名义起诉，从而引起民事诉讼程序的当事人是（A）。

（3）当事人一方或双方为二人以上（含二人），其诉讼标的是共同的，或者诉讼标的是同一种类、人民法院认为可以合并审理并经当事人同意，共同在人民法院进行诉讼的人被称为（C）。

（4）甲装饰公司拖欠某劳务公司10万元工程款，劳务公司多次索要无果，当决定起诉时发现，甲装饰公司已经分立为乙装饰公司和丙运输公司，而乙、丙两个公司对10万元工程欠款的偿还事宜并未做明确约定，劳务公司便以乙装饰公司为被告诉至法院，法院受理后通知丙公司应诉。此时，丙公司作为当事人属于（C）。

（5）对他人争议的诉讼标的有独立的请求权，或者虽无独立的请求权，但案件的处理结果与其有法律上的利害关系，而参加到原告、被告已经开始的诉讼中进行诉讼的人是（D）。

2. 民事诉讼当事人需要与诉讼参与人相互区分，现在再来帮大家复习一下：诉讼参与人包括原告、被告、第三人、证人、鉴定人、勘验人等。

3. 对于第三人还需要掌握以下要点：

【要点1】 有独立请求权的第三人：有权提起诉讼。

【要点2】 无独立请求权的第三人：可以申请参加诉讼，或由人民法院通知其参加。

专项突破5　诉讼代理人

例题： 施工企业向某律师出具的民事诉讼授权委托书中仅写明代理权限是"全权代理"。下列与诉讼有关的行为中，该律师享有代理权的是（　　）。

A. 代为承认对方的诉讼请求　　　　　　B. 代为放弃对方的诉讼请求

C. 代为变更对方的诉讼请求　　　　　　D. 与对方当事人进行和解

E. 提起上诉　　　　　　　　　　　　　F. 提起反诉

G. 提供证据　　　　　　　　　　　　　H. 提出管辖权异议

I. 陈述事实、参加法庭辩论

【答案】 G、H、I

1. 本考点还可以考核的题目有:

张某因与某施工企业发生合同纠纷, 委托李律师全权代理诉讼, 但未作具体的授权。则李律师在诉讼中无权实施的行为有 (A、B、C、D、E、F)。【2011年真题题干】

2.《民事诉讼法》规定, 诉讼代理人代为承认、放弃、变更诉讼请求, 进行和解、提起反诉或者上诉, 必须有委托人的特别授权。根据最高人民法院的特别规定, 如果授权委托书仅写"全权代理"而无具体授权, 在这种情况下不能认定为诉讼代理人已获得特别授权, 因为该诉讼代理人是无权代为承认、放弃、变更诉讼请求, 进行和解、提起反诉或者上诉的。【2011年、2020年考过】

这一规定的考查点较为固定: 一是考查"全权代理"是否代表受委托人获得了特别授权; 二是在"特别授权"的情况下诉讼代理人的权利有哪些。只要记住这两点, 得分就没有问题了。

专项突破6　证据的种类

例题: 根据《民事诉讼法》的规定, 根据表现形式的不同, 民事证据的类别包括( )。

A. 当事人的陈述【2010年考过】　　B. 书证【2010年考过】
C. 物证　　　　　　　　　　　　D. 视听资料
E. 电子数据　　　　　　　　　　F. 证人证言
G. 鉴定意见【2010年考过】　　　H. 勘验笔录
【答案】A、B、C、D、E、F、G、H

1. 本考点还可以考核的题目有:

(1) 在证据的种类中, (B) 是以文字、符号所记录或表示的, 以证明待证事实的文书。

(2) 在民事诉讼中, 合同、书信、文件、票据等证据属于 (B)。

(3) 民事诉讼和仲裁中普遍并大量应用的一种证据是 (B)。

(4) 在一起钢材购销合同纠纷的诉讼过程中, 作为买方的施工企业将钢材供应商在其网站上发布的价目表下载打印, 并在法庭上作为证据出示, 该证据属于 (B)。【2009年真题题干】

(5) 以会议纪要、电报、传真、电子邮件、图样、图表等形式表现的证据为 (B)。

注意: 书证应当提交原件。

(6) 在证据的种类中, (F) 是指证人以口头或者书面方式向人民法院所作的对案件事实的陈述。

（7）在证据的种类中，（G）是指具备相应资格的鉴定人对民事案件中出现的专门性问题，通过鉴别和判断后作出的书面意见。

（8）在证据的种类中，（H）是指人民法院为了查明案件的事实，指派勘验人员对与案件争议有关的现场、物品或物体进行查验、拍照、测量，并将查验的情况与结果制成的笔录。

2. 人民法院对当事人的陈述，应当结合本案的其他证据，审查确定能否作为认定事实的依据。

3. 本考点通常的考核形式是：让考生判断各选项所述内容是否能够作为证据。

4. 最后再来学习一个关于鉴定意见的采分点——重新鉴定的情形。当事人对人民法院委托的鉴定部门作出的鉴定结论有异议申请重新鉴定，提出证据证明存在下表所列情形之一的，人民法院应予准许。

重新鉴定的情形

重新鉴定的情形	历年考查情况
（1）鉴定机构或者鉴定人员不具备相关的鉴定资格的	【2010年考过】
（2）鉴定程序严重违法的	【2010年考过】
（3）鉴定结论明显依据不足的	【2010年、2015年考过】
（4）经过质证认定不能作为证据使用的其他情形	【2010年、2019年考过】

专项突破7　诉讼时效期间

例题：普通诉讼时效期间为（　　　）年。

A. 1　　　　　　　　　　　　　　　B. 3【2018年考过】
C. 4　　　　　　　　　　　　　　　D. 20

【答案】B

重点难点专项突破

1. 本考点还可以考核的题目有：

（1）因国际货物买卖合同和技术进出口合同争议的时效期间为（C）年。

（2）《海商法》规定，就海上货物运输向承运人要求赔偿的请求权，时效期间为（A）年。

（3）诉讼时效期间从知道或应当知道权利被侵害时起计算。但是，从权利被侵害之日起超过（D）年的，法院不予保护。

注意：超过诉讼时效期间，在法律上发生的效力是权利人的胜诉权消灭；诉讼时效期间届满后，义务人同意履行的，不得以诉讼时效期间届满为由抗辩。

2. 下面来看一道问题题干："当事人对债权请求权提出的诉讼时效抗辩中，不能得到法院支持的请求权有（　　）。"这就引出了本考点的第二个采分点——不适用于诉讼时效的情形。

当事人可以对债权请求权提出诉讼时效抗辩，但对下列债权请求权提出诉讼时效抗辩的，法院不予支持：

（1）支付存款本金及利息请求权；【2021年考过】

（2）兑付国债、金融债券以及向不特定对象发行的企业债券本息请求权；【2016年、2021年考过】

（3）基于投资关系产生的缴付出资请求权；【2016年、2021年考过】

（4）其他依法不适用诉讼时效规定的债权请求权。

专项突破8　诉讼时效中止和中断

例题：《民法典》规定，在诉讼时效期间的最后6个月内，因（　　）不能行使请求权的，诉讼时效中止。

A. 不可抗力

B. 无民事行为能力人或限制民事行为能力人没有法定代理人

C. 无民事行为能力人或限制民事行为能力人的法定代理人死亡、丧失民事行为能力

D. 继承开始后未确定继承人或者遗产管理人

E. 权利人被义务人或者其他人控制

F. 权利人向义务人提出履行请求【2009年、2017年考过】

G. 义务人同意履行义务

H. 权利人提起诉讼或者申请仲裁

I. 与申请仲裁具有同等效力的情形发生的

J. 申请支付令

K. 申请破产、申报破产债权

L. 为主张权利而申请宣告义务人失踪或死亡

M. 申请诉前财产保全、诉前临时禁令等诉前措施

N. 申请强制执行

O. 申请追加当事人或被通知参加诉讼

P. 在诉讼中主张抵消

【答案】A、B、C、D、E

重点难点专项突破

1. 本考点还可以考核的题目有：

根据《民法典》的规定，导致诉讼时效中断情形有（F、G、H、I、J、K、L、M、N、O、P）。

2. 诉讼时效中止，应同时满足以下两个条件：

（1）权利人由于不可抗力等其他障碍，不能行使请求权；

（2）导致权利人不能行使请求权的事由发生在诉讼时效期间的最后6个月内。

3. 在往年的考试中，会在题干中给出某一情形让考生判断这一情形将会导致什么后果。例如：

（1）建设单位向施工企业表示同意支付拖欠的工程款，这将在法律上引起（   ）后果。

A. 诉讼时效的中止　　　　　　　　B. 诉讼时效的中断

C. 诉讼时效的延长　　　　　　　　D. 改变法定的诉讼时效期间

【答案】B

（2）按照合同的约定，2019年1月1日发包方应该向承包方支付工程款，但没有支付。2019年7月1日至8月1日之间，当地发生了特大洪水，导致承包方不能行使请求权。2019年12月3日，承包方向法院提起诉讼，请求发包方支付拖欠的工程款，2019年12月31日法院作出判决。则下面的说法正确的是（   ）。

A. 2019年7月1日至8月1日之间诉讼时效中止

B. 2019年12月31日起诉讼时效中止

C. 2019年12月3日诉讼时效中断

D. 2019年7月1日至8月1日之间诉讼时效中断

【答案】C

4. 在往年的考试中，对诉讼时效的中断考核的最多，因此考生在复习时可有所侧重。此外还需要注意的是诉讼时效中止与中断所产生的后果是不同的：

诉讼时效中断的后果	诉讼时效中止的后果
从中断、有关程序终结时起，诉讼时效期间重新计算	在导致诉讼时效中止的原因消除后，也就是权利人开始可行使请求权时起，诉讼时效期间继续计算

专项突破9　民事诉讼的一审程序

例题：民事诉讼一审程序包括普通程序和简易程序。根据《民事诉讼法》的规定，适用简易程序审理的案件，应当在立案之日起（   ）个月内审结。

A. 3　　　　　　　　　　　　　　B. 5

C. 6　　　　　　　　　　　　　　D. 7

E. 15　　　　　　　　　　　　　　F. 10

【答案】A

重点难点专项突破

1. 本考点还可以考核的题目有：

（1）根据《民事诉讼法》的规定，适用普通程序审理的案件，应当在立案之日起

（C）个月内审结。

（2）根据《民事诉讼法》的规定，适用普通程序审理的案件未在规定时限内审结，需要延长的，由本院院长批准，可以延长（C）个月。

（3）《民事诉讼法》规定，人民法院对符合起诉条件的，应当在（D）日内立案，并通知当事人。

（4）《民事诉讼法》规定，人民法院应当保障当事人依照法律规定享有的起诉权利。对于不符合起诉条件的，应当在（D）日内作出裁定书，不予受理。

（5）《民事诉讼法》规定，人民法院应当在立案之日起（B）日内将起诉状副本发送被告。

（6）《民事诉讼法》规定，被告应当在收到之日起（E）日内提出答辩状。

（7）《民事诉讼法》规定，人民法院应当在收到答辩状之日起（B）日内将答辩状副本发送原告。

> 注意：被告不提出答辩状的，不影响人民法院审理。

（8）《民事诉讼法》规定，普通程序的审判组织应采用合议制，合议庭组成人员确定后，应当在（A）日内告知当事人。

（9）《民事诉讼法》规定，人民法院对公开审理或不公开审理的案件，一律公开宣告判决。当庭宣判的，应当在（F）日内发送判决书。

2. 通过上述题目相信考生应该掌握了一审程序中关于时效期间的所有采分点。除了这一采分点外，考生还需要重点记忆起诉的条件。先来看一道题目：

根据《民事诉讼法》，起诉必须符合的条件有（   ）。【2013年真题】

A. 原告是与本案有直接利害关系的公民、法人和其他组织

B. 有明确的被告

C. 有具体的诉讼请求和理由

D. 事实清楚，证据确实充分

E. 属于人民法院受理民事诉讼的范围和受诉人民法院管辖

【答案】A、B、C、E

【分析】如果对这一采分点进行考查的话，很可能会采取上题的形式。起诉必须符合的四项条件一定要记牢。

专项突破10　民事诉讼的第二审程序

例题：根据《民事诉讼法》，第二审人民法院对上诉案件，经过审理，发现原判决、裁定认定事实清楚，适用法律正确的，应当（   ）。

A. 判决驳回上诉　　　　　　　　B. 判决维持原判决、裁定

C. 依法改判、撤销或变更　　　　D. 裁定撤销原判决

E. 发回原审人民法院重审　　　　F. 发回原审人民法院查清事实后改判

【答案】A、B

重点难点专项突破

1. 本考点还可以考核的题目有：

（1）第二审人民法院对上诉案件，经过审理，发现原判决、裁定认定事实错误或者适用法律错误的，应（C）。

（2）第二审人民法院对上诉案件，经过审理，发现原判决认定基本事实不清的，（D、E、F）。【2013年考过】

（3）第二审人民法院对上诉案件，经过审理，发现原判决遗漏当事人或违法缺席判决等严重违反法定程序的，（D、E）。

2. 第二审人民法院审理对判决的上诉案件，审限为3个月；审理对裁定的上诉案件，审限为30日。【2022年考过】

3. 第二审程序是指由于民事诉讼当事人不服地方各级人民法院尚未生效的第一审判决或裁定，在法定上诉期间内，向上一级人民法院提起上诉而引起的诉讼程序。

（1）上文中的"上诉期间"应符合下图的规定。

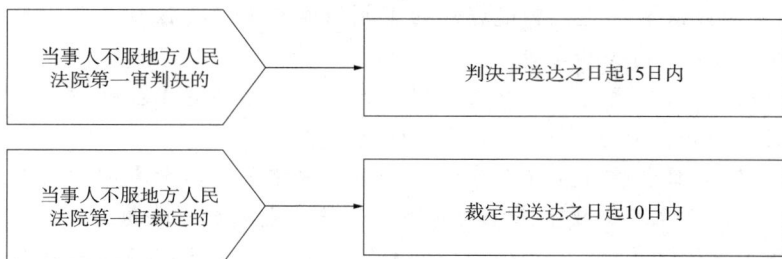

| 当事人不服地方人民法院第一审判决的 | → | 判决书送达之日起15日内 |
| 当事人不服地方人民法院第一审裁定的 | → | 裁定书送达之日起10日内 |

（2）关于"上诉期间"的采分点可能会采用下题的形式进行考查：

人民法院2月1日作出第一审民事判决，判决书2月5日送达原告，2月10日送达被告，当事人双方均未提出上诉，该判决书生效之日是2月（　　）日。

A. 1　　　　　　　　　　　　B. 5

C. 10　　　　　　　　　　　　D. 26

【答案】D

4. 再来看本考点的最后一个采分点——上诉状。

（1）当事人提起上诉，应当递交上诉状。

（2）上诉状应当通过原审法院提出。【2022年考过】

（3）当事人直接向第二审人民法院上诉的，第二审人民法院应当在5日内将上诉状移交原审人民法院。

5. 二审法院对上诉案件的处理

（1）第二审的上诉审查限于当事人上诉请求的范围。

（2）第二审人民法院对上诉案件应当开庭审理。【2022年考过】

（3）第二审法院作出的具有给付内容的判决，具有强制执行力。【2022年考过】

（4）当事人对重审案件的判决、裁定，仍然可以上诉。原审人民法院对发回重审的案件作出判决后，当事人提起上诉的，第二审人民法院不得再次发回重审。【2022年考过】

专项突破11　民事诉讼的执行程序

例题：《民事诉讼法执行程序解释》中规定，有（　　）情形，上一级人民法院可以根据申请执行人的申请，责令执行法院限期执行或者变更执行法院。

A. 债权人申请执行时被执行人有可供执行的财产，执行法院自收到申请执行书之日起超过6个月对该财产未执行完结的

B. 执行过程中发现被执行人可供执行的财产，执行法院自发现财产之日起超过6个月对该财产未执行完结的

C. 对法律文书确定的行为义务的执行，执行法院自收到申请执行书之日起超过6个月未依法采取相应执行措施的【2022年考过】

D. 其他有条件执行超过6个月未执行的

【答案】 A、B、C、D

重点难点专项突破

1. 申请执行的期间为2年。【2022年考过】

2. 申请执行时效的中止、中断，适用法律有关诉讼时效中止、中断的规定。这里的期间，从法律文书规定履行期间的最后1日起计算；法律文书规定分期履行的，从规定的每次履行期间的最后1日起计算；法律文书未规定履行期间的，从法律文书生效之日起计算。【2022年考过】

3. 人民法院自收到申请执行书之日起超过6个月未执行的，申请执行人可以向上一级人民法院申请执行。

专项突破12　民事诉讼的执行措施及管辖

序号	执行措施
1	查询、扣押、冻结、划拨、变价被执行人的存款、债券、股票、基金份额等财产
2	扣留、提取被执行人的收入
3	查封、扣押、冻结、拍卖、变卖被执行人的财产
4	对被执行人及其住所或财产隐匿地进行搜查
5	强制被执行人和有关单位、公民交付法律文书指定交付的财物或票证
6	强制被执行人迁出房屋或退出土地
7	强制被执行人履行法律文书指定的行为
8	办理财产权证照转移手续
9	强制被执行人支付迟延履行期间的加倍债务利息或迟延履行金
10	债权人发现被执行人有其他财产的，可以随时请求人民法院执行
11	限制出境
12	在征信系统记录、通过媒体公布不履行义务信息

1. 如果单独对执行措施进行考核的话，可能会采用多项选择题的形式。

（1）执行措施也可能会和其他执行问题一起考核一道综合性的题目，题干可能会这样设置："关于民事诉讼执行程序的说法，正确的是（ ）。"

（2）除了执行措施外，考生还应知道执行案件的管辖的相关知识：

发生法律效力的民事判决、裁定，以及刑事判决、裁定中的财产部分，由第一审人民法院或者与第一审人民法院同级的被执行的财产所在地人民法院执行。法律规定由人民法院执行的其他法律文书，由被执行人住所地或者被执行的财产所在地人民法院执行。【2020年考过】

2. 本考点可能会这样命题：

对于发生法律效力的民事判决、裁定，当事人可以向（ ）申请执行。

A. 第一审人民法院

B. 终审人民法院

C. 与第一审人民法院同级的被执行的财产所在地人民法院

D. 与第一审人民法院同级的被执行人所在地人民法院

E. 被执行的财产所在地基层人民法院

【答案】A、C

1Z308030　仲裁制度

专项突破1　仲裁协议的形式

例题：根据《仲裁法》的规定，仲裁协议包括合同中订立的仲裁条款和其他以书面形式在纠纷发生前或者纠纷发生后达成的请求仲裁的协议。这里的"其他书面形式"应包括（ ）。

A. 合同书　　　　　　　　　B. 信件

C. 电报　　　　　　　　　　D. 电传

E. 传真　　　　　　　　　　F. 电子数据交换

G. 电子邮件　　　　　　　　H. 口头形式

【答案】A、B、C、D、E、F、G

1. 本考点还可以考核的题目有：

根据《仲裁法》的规定，（H）达成的仲裁意思表示无效。

2. 牢记：仲裁协议应采用书面形式，口头方式达成的仲裁意思表示无效。【2020年考过】

专项突破2 仲裁协议的内容

序号	仲裁协议的内容	要点分析
1	请求仲裁的意思表示【2012年、2014年、2015年、2021年考过】	是指协议中应该有"仲裁"两字。注意：如当事人在合同中约定发生争议可以提交仲裁，也可提交诉讼，这样的仲裁协议无效。下面来看一道典型例题： 施工合同的解决争议条款约定"所有争议提交合同履行地的仲裁委员会或人民法院管辖"。当该合同产生纠纷时，当事人（ ）。【2012年真题】 A. 应当向合同履行地的仲裁委员会申请仲裁 B. 只能向合同履行地的人民法院起诉 C. 既可以向仲裁委员会申请仲裁，也可以向人民法院起诉 D. 必须重新确定受诉人民法院 【答案】B
2	仲裁事项【2012年、2014年、2015年、2021年考过】	"仲裁事项"的范围取决于当事人在仲裁协议中的约定，例如： 某施工合同约定关于工程质量的一切争议由北京仲裁委员会仲裁。合同履行中，施工企业与建设单位在工程质量和工程价款结算数额上均发生争议。关于争议管辖的说法，正确的是（ ）。 A. 质量纠纷由北京仲裁委员会仲裁，结算纠纷由法院审理 B. 质量和结算纠纷均由北京仲裁委员会仲裁 C. 仲裁条款约定无效 D. 双方只能修改或补充仲裁约定 【答案】A
3	选定的仲裁委员会【2012年、2014年、2015年、2021年考过】	（1）仲裁协议中约定的仲裁委员会的名称应该准确。《仲裁法》司法解释规定，仲裁协议约定的仲裁机构名称不准确，但能够确定具体的仲裁机构的，应当认定选定了仲裁机构。 （2）仲裁协议约定两个以上仲裁机构的，当事人可以协议选择其中的一个仲裁机构申请仲裁；当事人不能就仲裁机构选择达成一致的，仲裁协议无效。【2020年考过】 （3）仲裁协议约定由某地的仲裁机构仲裁且该地仅有一个仲裁机构的，该仲裁机构视为约定的仲裁机构

重点难点专项突破

1. 注意：仲裁协议的三项内容必须同时具备，仲裁协议才能有效。

2. 本考点可能会这样命题：

（1）有效仲裁协议的内容不包括（   ）。

A. 请求仲裁的意思表示

B. 仲裁事项

C. 选定的仲裁委员会

D. 具体的仲裁事实、理由

【答案】D

（2）下列仲裁协议中，有效的仲裁协议是（   ）。

A. 本合同履行过程中，凡因本合同引起的任何争议，均提请仲裁委员会仲裁

B. 本合同履行过程中，凡因本合同引起的任何争议，可申请仲裁或提起诉讼

C. 本合同履行过程中，凡因本合同引起的任何争议，均提请北京仲裁委员会仲裁

D. 本合同履行过程中，凡因本合同引起的任何争议，应先申请仲裁后提起诉讼

【答案】C

（3）关于仲裁协议的说法，正确的有（　　）。

A. 仲裁协议应当是书面形式

B. 仲裁协议可以是口头订立的，但需双方认可

C. 仲裁协议必须在纠纷发生前达成

D. 没有仲裁协议，也就无法进行仲裁

E. 仲裁协议排除了人民法院对合同争议解决的管辖权

【答案】A、D、E

专项突破3　仲裁协议的效力

都必须以仲裁协议有效为前提

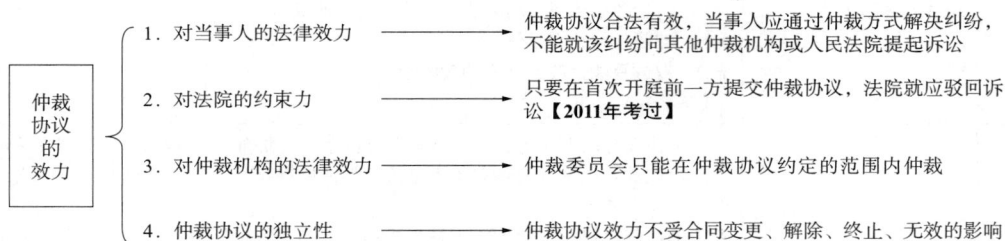

仲裁协议的效力
1. 对当事人的法律效力 →　仲裁协议合法有效，当事人应通过仲裁方式解决纠纷，不能就该纠向其他仲裁机构或人民法院提起诉讼

2. 对法院的约束力 →　只要在首次开庭前一方提交仲裁协议，法院就应驳回诉讼【2011年考过】

3. 对仲裁机构的法律效力 →　仲裁委员会只能在仲裁协议约定的范围内仲裁

4. 仲裁协议的独立性 →　仲裁协议效力不受合同变更、解除、终止、无效的影响

重点难点专项突破

1. 仲裁协议对当事人、法院、仲裁机构均发生法律效力，这一采分点很重要，考生一定要掌握。

2. 关于仲裁协议的效力确认也是历年考试的高频采分点，为此考生还应记忆以下内容：

（1）合同的变更、解除、终止或无效，不影响仲裁协议的效力。【2018年、2020年考过】

（2）当事人对仲裁协议效力有异议的，应当在仲裁庭首次开庭前提出。一方请求仲裁委员会作出决定，另一方请求人民法院作出裁定的，由人民法院裁定。【2016年、2020年、2022年考过】

（3）当事人向人民法院申请确认仲裁协议效力的案件，由仲裁协议约定的仲裁机构所在地、仲裁协议签订地、申请人住所地、被申请人住所地的中级人民法院或者专门人民法院管辖。【2022年考过】

3. 本考点可能会这样命题：

（1）关于仲裁的说法，正确的是（　　）。

A. 对于仲裁协议有效的仲裁案件，法院仍具有管辖权

B. 只要一方当事人申请仲裁，仲裁委员会都应当予以受理

C. 仲裁裁决作出后，当事人就同一纠纷向法院起诉的，法院应当予以受理

D. 没有仲裁协议或者仲裁协议无效的，法院对当事人的纠纷应当予以受理

【答案】D

（2）在民事诉讼中，当事人一方以合同中有仲裁条款为由，对人民法院受理本案提出异议的，应当在（　　　）提出。

A. 首次开庭前　　　　　　　　　B. 收到传票之日起7日内

C. 举证期满前　　　　　　　　　D. 庭审结束前

【答案】A

（3）关于仲裁协议效力确认的说法，正确的是（　　　）。

A. 当事人对仲裁协议效力有异议的，应当在仲裁裁决作出前提出

B. 当事人既可以请求仲裁委员会作出决定，也可以请求人民法院裁定

C. 当事人对仲裁委员会就仲裁协议效力作出的决定不服的，可以向人民法院申请撤销该决定

D. 当事人向人民法院申请确认仲裁协议效力的案件，只能由仲裁协议约定的仲裁委员会所在地的中级人民法院管辖

【答案】B

专项突破4　财产保全和证据保全

项目	内容
申请时限	可在仲裁程序开始前，也可在仲裁程序进行中【2022年考过】
程序	应向仲裁委员会提出书面申请，由仲裁委员会将当事人的申请转交被申请人住所地或其财产所在地及/或证据所在地有管辖权的人民法院作出裁定【2022年考过】
	当事人也可以直接向有管辖权的人民法院提出保全申请【2022年考过】
解除保全	申请人在人民法院采取保全措施后30日内不依法申请仲裁的【2022年考过】

重点难点专项突破

1. 注意程序有两种，可通过仲裁委员会提出，也可直接向有管辖权的人民法院提出。

2. 注意解除保全30日的限制，也可能会单独进行时间的考核。

专项突破5　仲裁庭的组成

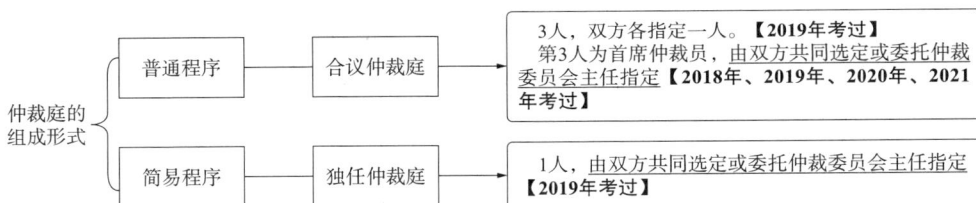

```
                        ┌─ 合议仲裁庭 ─→  3人，双方各指定一人。【2019年考过】
            ┌─ 普通程序 ─┤              第3人为首席仲裁员，由双方共同选定或委托仲裁
            │           │              委员会主任指定【2018年、2019年、2020年、2021
仲裁庭的     │           └─             年考过】
组成形式 ───┤
            │           ┌─ 独任仲裁庭 ─→  1人，由双方共同选定或委托仲裁委员会主任指定
            └─ 简易程序 ─┤              【2019年考过】
                        └─
```

1. 重点记忆合议仲裁庭与独任仲裁庭在组成人数、人员选定方式上的区别。
2. 本考点可能会这样命题：

根据《仲裁法》，下列关于仲裁庭组成的说法，正确的是（　　　）。

A. 仲裁庭应当由3名仲裁员组成

B. 首席仲裁员只能由仲裁委员会指定

C. 当事人未在规定期限内选定仲裁员的，由仲裁委员会主任指定

D. 双方当事人必须各自选定合议仲裁庭的一名仲裁员

【答案】C

专项突破6　仲裁裁决的作出

项目	内容
裁决作出	（1）仲裁庭可以作出缺席裁决。 （2）被申请人提出了反请求，却无正当理由开庭时不到庭的，视为撤回反请求【2018年考过】
裁决书效力	裁决书一裁终局；强制执行效力；仲裁裁决在所有《纽约公约》缔约国（或地区）可以得到承认和执行【2011年、2014年、2017年考过】
裁决书发生效力的时间	自作出之日起发生法律效力【2017年考过】

1. 仲裁裁决的作出是本考点的重要采分点，通常会结合实例考查考生对此知识点的综合理解和运用能力。
2. 本考点可能会这样命题：

关于仲裁裁决效力，说法正确的是（　　　）。

A. 仲裁裁决具有强制执行力，一方当事人不履行，对方当事人可以向仲裁委员会申请强制执行

B. 仲裁裁决在《纽约公约》缔约国或地区，不能直接承认和执行

C. 当事人向人民法院申请撤销裁决的，该裁决书不发生法律效力

D. 仲裁裁决作出后，当事人不得就已经裁决的事项再行申请仲裁，也不得就此提起诉讼

【答案】D

专项突破7　仲裁裁决的执行效力

项目	内容
效力表现	仲裁裁决作出后，一方当事人不履行的，另一方当事人可以依法向人民法院申请执行【2009年、2010年考过】

项目	内容
管辖	当事人申请执行仲裁裁决案件，由被执行人所在地或被执行财产所在地的中级人民法院管辖
申请强制执行期间	申请仲裁裁决强制执行的期间为2年【2011年考过】 『注意：以上"期间"自仲裁裁决书规定履行期限或仲裁机构的仲裁规则规定履行期间的最后1日起计算；仲裁裁决书规定分期履行的，从最后一期履行期限届满之日起计算；仲裁裁决书未规定履行期间的，从裁决书生效之日起计算』【2021年考过】
中止与中断	申请仲裁执行时效的中止、中断，适用法律有关诉讼时效中止、中断的规定

重点难点专项突破

1. 本考点一般会结合实例，考查考生对知识的综合运用能力。

2. 本考点可能会这样命题：

（1）某施工合同纠纷案经仲裁裁决，将已经竣工工程的部分楼层折价给施工单位抵偿工程欠款，但建设单位拒绝履行裁决。因此，施工单位决定申请执行仲裁裁决。关于申请执行仲裁裁决的说法，正确的是（　　）。

A. 施工单位申请执行的期间为1年

B. 申请执行本案的仲裁裁决，由施工单位所在地的中级人民法院管辖

C. 申请执行本案的仲裁裁决，由本案工程合同签订地的中级人民法院管辖

D. 施工单位有权向人民法院申请执行

【答案】D

（2）根据《最高人民法院关于适用〈中华人民共和国仲裁法〉若干问题的解释》，当事人申请执行仲裁裁决的案件，由（　　）管辖。

A. 仲裁机构所在地中级人民法院

B. 仲裁机构所在地高级人民法院

C. 被执行人住所地或者被执行财产所在地中级人民法院

D. 被执行人住所地或者被执行财产所在地高级人民法院

【答案】C

专项突破8　仲裁裁决的不予执行和撤销

例题：下列情形中，属于人民法院对仲裁裁决裁定不予执行的是（　　）。

A. 当事人在合同中没有仲裁条款或者事后没有达成书面仲裁协议的【2011年、2013年考过】

B. 裁决的事项不属于仲裁协议的范围或者仲裁机构无权仲裁的【2011年、2013年考过】

C. 仲裁庭的组成或者仲裁的程序违反法定程序的【2011年、2017年、2019年考过】

D. 裁决所根据的证据是伪造的【2011年考过】

E. 对方当事人向仲裁机构隐瞒了足以影响公正裁决的证据的【2013年、2022年考过】

F. 仲裁员在仲裁该案时有索贿受贿、徇私舞弊、枉法裁决行为的

G. 人民法院认定仲裁裁决违背社会公共利益的

【答案】A、B、C、D、E、F、G

重点难点专项突破

1. 本考点还可以考核的题目有：

当事人提出证据证明裁决有（A、B、C、D、E、F、G）情形之一的，可以向仲裁委员会所在地的中级人民法院申请撤销裁决。【2009年考过】

2. 请考生思考一个问题：仲裁裁决被法院依法裁定不予执行后，当事人应当如何处理呢？

答：仲裁裁决被法院依法裁定不予执行的，当事人就该纠纷可以重新达成仲裁协议，并依据该仲裁协议申请仲裁，也可以向法院提起诉讼。

3. 牢记：当事人申请撤销裁决的，应当在收到裁决书之日起6个月内提出。【2022年考过】

巧学妙记

仲裁裁决不予执行和撤销的区别

项目	发生阶段	发生原因
不予执行	执行阶段	被申请人或案外人提出证据证明
撤销	收到裁决书后	当事人有证据证明

4. 关于本考点，还应掌握下述要点：

（1）仲裁裁决被人民法院依法撤销后，当事人之间的纠纷并未解决。当事人就该纠纷可以根据双方重新达成的仲裁协议申请仲裁，也可以向人民法院起诉。【2022年考过】

（2）当事人向人民法院申请撤销仲裁裁决被驳回后，又在执行程序中以相同事由申请不予执行的，人民法院不予支持；当事人向人民法院申请不予执行被驳回后，又以相同事由申请撤销仲裁裁决的，人民法院不予支持。【2022年考过】

（3）案外人有证据证明仲裁案件当事人恶意申请仲裁或者虚假仲裁，损害其合法权益的，可根据法律相关程序的要求，申请不予执行仲裁裁决或仲裁调解书。【2022年考过】

1Z308040　调解与和解制度

专项突破1　调解的形式

例题：我国的调解方式主要有（　　　　）。

A. 人民调解

B. 行政调解

C. 仲裁调解

D. 法院调解【2022年考过】

E. 专业机构调解

【答案】A、B、C、D、E

重点难点专项突破

1. 本考点还可以考核的题目有：

（1）在我国的调解方式中，所达成的调解协议具有强制约束力的有（C、D）。

（2）在我国的调解方式中，所达成的调解协议经司法确认后可以获得强制执行力的有（A、E）。

（3）在我国的调解方式中，（C）是仲裁机构对受理的仲裁案件进行的调解。

（4）在我国的调解方式中，（D）是人民法院对受理的民事案件、经济纠纷案件和轻微刑事案件在双方当事人自愿的基础上进行的调解。

（5）在我国的调解方式中，（E）是当事人在发生争议前或争议后，协议约定由依法成立的具有独立调解规则的机构按照其调解规则进行调解。

（6）王某在施工现场工作时不慎受伤，在监理工程师的调解下，王某与雇主达成协议，雇主一次性支付王某2万元作为补偿，王某放弃诉讼权利。这种调解方式属于（A）。

2. 关于人民调解还需要掌握以下可考采分点：

（1）人民调解制度是一种司法辅助制度。【2020年考过】

（2）人民调解的组织形式是人民调解委员会。【2020年考过】

（3）经人民调解委员会调解达成调解协议的，可以制作调解协议书。当事人认为无需制作调解协议的，可以采取口头协议的方式，人民调解员应当记录协议内容。【2020年、2021年考过】

（4）经人民调解委员会调解达成调解协议后，双方当事人认为有必要的，可以自调解协议生效之日起30日内共同向下列人民法院提出：1）人民法院邀请调解组织开展先行调解的，向作出邀请的人民法院提出；2）调解组织自行开展调解的，向当事人住所地、标的物所在地、调解组织所在地的基层人民法院提出；调解协议所涉纠纷应当由中级人民法院管辖的，向相应的中级人民法院提出。【2020年考过】

3. 五类调解方式所达成的协议对当事人双方有无法律效力、是否具有强制执行力同样是本考点的一个重难点，现将有关内容整理于下表。

调解方式	调解文书法律效力
人民调解	（1）对当事人双方具有法律约束力。 （2）经调解组织所在地基层人民法院司法确认后，具有强制执行力【2014年、2018年考过】
行政调解	行政调解协议具有合同约束力，但不具有强制执行力【2013年、2018年考过】
仲裁调解	仲裁调解书与裁决具有同等法律效力。【2016年考过】 注意：调解书签收前当事人反悔的，仲裁庭应及时作出裁决
法院调解	法院调解书效力与判决书相同。【2022年考过】 注意：调解书送达前一方反悔的，人民法院应及时判决【2022年考过】
专业机构调解	专业调解机构进行调解达成的调解协议对当事人双方均有约束力【2016年考过】

针对这一采分点，可能会这样考查：

（1）关于调解文书法律效力的说法，正确的有（　　）。【2018年真题】

A. 法院调解书经双方当事人签收后，具有强制执行的法律效力

B. 人民调解委员会的调解协议具有法律约束力

C. 人民调解委员会的调解协议具有强制执行的法律效力

D. 仲裁调解书经人民法院司法确认后，即发生法律约束力

E. 基层人民政府的调解协议具有法律约束力

【答案】A、B、E

（2）下列法律文书中，属于可以强制执行的是（　　）。

A. 双方签收的人民法院调解书

B. 双方签收的人民调解委员会制作的调解书

C. 双方签收的建设行政主管部门制作的调解书

D. 一方拒绝签收的仲裁调解书

【答案】A

专项突破2　仲裁调解与和解

例题：《仲裁法》规定，仲裁庭在作出裁决前，可以先行调解。调解达成协议的，仲裁庭可以（　　）。

A. 制作调解书【2020年考过】

B. 根据协议的结果制作裁决书【2020年考过】

C. 撤回仲裁申请

D. 根据原仲裁协议申请仲裁

【答案】A、B

重点难点专项突破

1. 本考点还可以考核的题目有：

（1）《仲裁法》规定，当事人申请仲裁后，可以自行和解。达成和解协议的，可以请求仲裁庭（B），也可以（C）。（注：在考试时，并不会采用这样的形式，这道题目之所以采用这样的提问方式，为的是让大家知晓可能挖空考核的点有哪些，这些都是需要大家重点记忆的）

（2）《仲裁法》规定，当事人达成和解协议，撤回仲裁申请后又反悔的，可以（D）。【2020年考过】

2. 关于仲裁调解还需要掌握以下要点：

【要点1】调解书经双方当事人签收后即与裁决书具有同等法律效力。【2009年、2014年考过】

【要点2】调解不成的，应当及时作出裁决。【2019年考过】

专项突破3　争议评审机制

项目	内容
概念	是指在工程开始时或工程进行过程中当事人选择的独立于任何一方当事人的争议评审专家（通常是3人，小型工程1人）组成评审小组，就当事人发生的争议及时提出解决问题的建议或者作出决定的争议解决方式。 如果当事人不接受评审组的建议或者裁决，仍可通过仲裁或者诉讼的方式解决争议【2020年考过】
争议评审组	采用争议评审的，发包人和承包人应在开工日后的28天内或在争议发生后，协商成立争议评审组【2020年、2021年考过】
材料提交	合同双方的争议，应首先由申请人向争议评审组提交一份详细的评审申请报告，并附必要的文件、图纸和证明材料，申请人还应将上述报告的副本同时提交给被申请人和监理人。 被申请人在收到申请人评审申请报告副本后的28天内，向争议评审组提交一份答辩报告，并附证明材料。被申请人应将答辩报告的副本同时提交给申请人和监理人。【2021年考过】 除专用合同条款另有约定外，争议评审组在收到合同双方报告后的14天内，邀请双方代表和有关人员举行调查会，向双方调查争议细节；必要时争议评审组可要求双方进一步提供补充材料
评审意见的作出	除专用合同条款另有约定外，在调查会结束后的14天内，争议评审组应在不受任何干扰的情况下进行独立、公正的评审，作出书面评审意见，并说明理由。在争议评审期间，争议双方暂按总监理工程师的确定执行【2020年、2021年考过】

重点难点专项突破

1. 从上表标注的考查情况来看，本考点连续两年均进行了考查。考生要特别注意"28天""14天"等关键数字，考查的可能性很大。

2. 本考点可能会这样命题：

除专用合同条款另有约定外，在调查会结束后的（　　　）天内，争议评审组作出书面评审意见，并说明理由。

A. 7
B. 14
C. 28
D. 56

【答案】B

专项突破4　法院调解

项目	内容
性质	人民法院审理民事案件，根据当事人自愿的原则，在事实清楚的基础上，分清是非，进行调解。 法院调解是诉讼内调解
调解方法	人民法院进行调解，可以由审判员一人主持，也可以由合议庭主持。【2022年考过】 人民法院进行调解，可以邀请有关单位和个人协助
调解书	调解达成协议，人民法院应当制作调解书。【2017年考过】 调解书经双方当事人签收后，即具有法律效力。【2022年考过】 调解书由审判员、书记员署名，加盖人民法院印章，送达双方当事人。 对不需要制作调解书的协议，应当记入笔录，由双方当事人、审判人员、书记员签名或者盖章后，即具有法律效力。 下列案件调解达成协议，人民法院可以不制作调解书：（1）调解和好的离婚案件；（2）调解维持收养关系的案件；（3）能够即时履行的案件；（4）其他不需要制作调解书的案件【2017年、2019年、2022年考过】

1. 牢记：调解书送达前一方反悔的，人民法院应及时判决。但是调解书只要经双方当事人签收后，即具有法律效力。【2009年考过】

对于这一采分点，来看一下在历年考试中是怎样考查的：

甲、乙双方因工程施工合同发生纠纷，甲公司向法院提起了民事诉讼。审理过程中，在法院的主持下，双方达成了调解协议，法院制作了调解书并送达了双方当事人。双方签收后乙公司又反悔，则下列说法正确的是（   ）。【2009年真题】

A. 甲公司可以向人民法院申请强制执行

B. 人民法院应当根据调解书进行判决

C. 人民法院应当认定调解书无效并及时判决

D. 人民法院应当认定调解书无效并重新进行调解

2. 本考点可能会这样命题：

（1）某工程施工合同因被拖欠工程款发生纠纷，施工方诉至法院，后本案经调解达成协议，并制作了调解书。关于本案中调解的说法，正确的是（   ）。【2015年真题】

A. 法院调解应由审判员一人主持

B. 法院调解必须邀请有关单位和个人协助

C. 调解书与判决书的效力不同

D. 调解书经双方当事人签收即发生法律效力

【答案】D

（2）根据《民事诉讼法》，关于法院调解的说法，正确的是（   ）。【2020年真题】

A. 调解书的效力低于判决书

B. 调解达成的所有协议，人民法院均应当制作调解书

C. 人民法院审理民事案件，在判决作出之前应当进行调解

D. 人民法院进行调解，可以邀请有关单位和个人协助

【答案】D

专项突破5　和解

例题：和解的类型有（   ）。

A. 诉讼前的和解
B. 诉讼中的和解
C. 执行中的和解【2022年考过】
D. 仲裁中的和解

【答案】A、B、C、D

1. 本考点还可以考核的题目有：

（1）发生诉讼以前，双方当事人互相协商达成协议，自行解决争执的行为被称为（A）。

（2）当事人在诉讼进行中互相协商，达成协议，解决双方的争执的行为被称为（B）。

（3）人民法院在执行已发生法律效力的民事判决、裁定过程中，当事人自行达成协议，自动履行生效和解协议的行为被称为（C）。

2．为了能够更好帮助考生理解和解的四种类型，现将有关内容整理于下表。

和解的类型	发生阶段	产生后果	和解协议的效力
诉讼前的和解	发生诉讼前	当事人不得任意反悔要求撤销【2018年考过】	均不具有强制执行效力【2022年考过】
诉讼中的和解	法院作出判决前	当事人和解后，可以请求法院调解，制作调解书，经当事人签名盖章产生法律效力，从而结束全部或部分诉讼程序【2022年考过】	
执行中的和解	人民法院在执行已发生法律效力的民事判决、裁定过程中	一方当事人不履行和解协议的或者反悔的，对方当事人可以申请人民法院按照原生效法律文书强制执行【2011年考过】	
仲裁中的和解	当事人申请仲裁后	① 达成和解协议的，可以请求仲裁庭根据和解协议作出裁决书，也可以撤回仲裁申请。 ② 当事人达成和解协议，撤回仲裁申请后又反悔的，可以根据原仲裁协议申请仲裁	

3．和解与调解是两个非常相似的概念，考生应明确二者的区别。

和解与调解的区别在于：和解是当事人之间自愿协商，达成协议，没有第三人参加，而调解是在第三人主持下进行疏导、劝说，使之相互谅解，自愿达成协议。

巧学妙记

和解与调解最简单的区分方法：和解是两个人；调解是三个人。

1Z308050　行政强制、行政复议和行政诉讼制度

专项突破1　行政许可的设定

例题：《行政许可法》规定，下列事项中可以设定行政许可的有（　　　）。

A．直接涉及国家安全、公共安全、经济宏观调控、生态环境保护等特定活动，需要按照法定条件予以批准的事项

B．直接关系人身健康、生命财产安全等特定活动，需要按照法定条件予以批准的事项

C．有限自然资源开发利用、公共资源配置以及直接关系公共利益的特定行业的市场准入等，需要赋予特定权利的事项【2019年考过】

D．提供公众服务并且直接关系公共利益的职业、行业，需要确定具备特殊信誉、特殊条件或者特殊技能等资格、资质的事项

E．直接关系公共安全、人身健康、生命财产安全的重要设备、设施、产品、物品，需要按照技术标准、技术规范，通过检验、检测、检疫等方式进行审定的事项

F．企业或者其他组织的设立等，需要确定主体资格的事项【2019年考过】

G．公民、法人或者其他组织能够自主决定的事项

H．市场竞争机制能够有效调节的事项

I. 行业组织或者中介机构能够自律管理的事项

J. 行政机关采用事后监督等其他行政管理方式能够解决的事项

【答案】A、B、C、D、E、F

重点难点专项突破

1. 本考点还可以考核的题目有：

《行政许可法》规定，下列事项中可以不设定行政许可的有（G、H、I、J）。

2. 可以设定行政许可的事项与可不设定行政许可的事项可能会互相设置为干扰项。

3. 行政许可的设定权限是本考点的另一个采分点，要牢记可以设定任何行政许可的有：法律、行政法规、国务院决定（实施后，国务院应及时提请全国人民代表大会及其常务委员会制定法律或自行制定行政法规）、地方性法规。除以上内容外还有临时性的行政许可：尚未制定法律、行政法规和地方性法规的，因行政管理的需要，确需立即实施行政许可的，省、自治区、直辖市人民政府规章可以设定临时性的行政许可。【2015年、2020年考过】

再来看一下考试题型及提问方式：

（1）关于行政许可设定权限的说法，正确的有（　　　　）。【2020年真题】

A. 地方性法规一般情况不得设定行政许可

B. 省、自治区、直辖市人民政府规章不得设定行政许可

C. 部门规章可以设定临时性行政许可

D. 国务院可以采用发布决定的方式设定行政许可

E. 地方性法规不得设定企业或者其他组织的设立登记及其前置性行政许可

【答案】D、E

（2）根据《行政许可法》，下列法律法规中，不得设定任何行政许可的是（　　　　）。【2015年真题】

A. 法律　　　　　　　　　　　B. 行政法规

C. 地方性法规　　　　　　　　D. 部门规章

【答案】D

4. 行政机关对申请人提出的行政许可申请，应当根据下列情况分别作出处理，归纳如下。【2022年考过】

情形	处理
申请事项依法不需要取得行政许可	即时告知申请人不受理
申请事项依法不属于本行政机关职权范围	作出不予受理的决定，并告知申请人向有关行政机关申请
申请材料存在可以当场更正的错误	允许申请人当场更正
申请材料不齐全或者不符合法定形式	当场或者在5日内一次告知申请人需要补正的全部内容，逾期不告知的，自收到申请材料之日起即为受理
申请事项属于本行政机关职权范围，申请材料齐全、符合法定形式，或者申请人按照本行政机关的要求提交全部补正申请材料	受理行政许可申请

专项突破2 行政强制的种类及程序

行政强制措施的种类	行政强制执行的方式
（1）限制公民人身自由。【2022年考过】 （2）查封场所、设施或者财物。 （3）扣押财物。【2022年考过】 （4）冻结存款、汇款。【2022年考过】 （5）其他行政强制措施	（1）加处罚款或者滞纳金。【2022年考过】 （2）划拨存款、汇款。 （3）拍卖或者依法处理查封、扣押的场所、设施或者财物。 （4）排除妨碍、恢复原状。【2022年考过】 （5）代履行。 （6）其他强制执行方式

重点难点专项突破

1. 行政强制措施的种类与行政强制执行的方式易互为干扰选项进行考核。考核形式举例：

行政强制执行的方式包括（　　　）。【2022年真题】

A. 冻结存款、汇款　　　　　　　　B. 扣押财物

C. 加处罚款或滞纳金　　　　　　　D. 排除妨碍、恢复原状

E. 限制公民人身自由

【答案】B、C、D

2. 关于行政强制的设定与法定程序还需要注意如下两点：

（1）行政强制执行由法律设定。

（2）法律没有规定行政机关强制执行的，作出行政决定的行政机关应当申请人民法院强制执行。【2020年考过】

专项突破3 行政复议的范围

例题：《行政复议法》规定，可以申请行政复议的情形有（　　　）。

A. 对行政机关作出的警告、罚款、没收违法所得、没收非法财物、责令停产停业、暂扣或者吊销许可证、暂扣或者吊销执照、行政拘留等行政处罚决定不服的【2013年考过】

B. 对行政机关作出的限制人身自由或查封、冻结财产等行政强制措施决定不服的

C. 对行政机关作出的有关许可证、执照等证书变更、中止、撤销的决定不服的

D. 认为行政机关侵犯合法的经营自主权的

E. 认为行政机关违法集资、征收财物、摊派费用或者违法要求履行其他义务的

F. 认为符合法定条件，申请行政机关颁发许可证、执照、资质证、资格证等证书，行政机关没有依法办理的

G. 认为符合法定条件，申请行政机关审批、登记有关事项，行政机关没有依法办理的

H. 不服行政机关作出的行政处分决定的【2009年考过】

I. 不服行政机关对民事纠纷作出的调解的【2014年考过】

【答案】A、B、C、D、E、F、G

1. 本考点还可以考核的题目有：

根据《行政复议法》的规定，应按规定的纠纷处理方式解决，不能提起行政复议的事项有（H、I）。

2. 在考查行政复议受理范围的时候可能会将不能提起行政复议的事项作为干扰项。

3. 再来看本考点的最后一个采分点——行政复议应当向谁申请？

答：对于行政复议，应当按照《行政复议法》的规定向有权受理的行政机关申请，如"对县级以上地方各级人民政府工作部门的具体行政行为不服的，由申请人选择，可以向该部门的本级人民政府申请行政复议，也可以向上一级主管部门申请行政复议"。

【2009年、2017年、2018年考过】

对于这一采分点，在历年考试中曾采用下题的形式进行考核：

A市B区国土资源局以甲施工企业非法占地违规建造为由，责令甲限期拆除其建筑，退还所占土地。甲不服，欲申请行政复议。关于有权受理该案行政复议的行政机关的说法，正确的有（   ）。【2018年真题】

A. 可以是A市人民政府   B. 只能是A市国土资源局

C. 可以是A市国土资源局   D. 只能是B区人民政府

E. 可以是B区人民政府

【答案】C、E

专项突破4　行政复议受理

例题： 行政复议机关收到行政复议申请后，应当在（   ）日内进行审查，依法决定是否受理，并书面告知申请人。

A. 5   B. 60

C. 10   D. 30

【答案】A

1. 本考点还可以考核的题目有：

（1）除法律另有规定外，公民、法人或者其他组织认为具体行政行为侵犯其合法权益的，可以自知道该具体行政行为之日起（B）日内提出行政复议申请。

（2）行政复议机关应当在受理行政复议申请之日起（B）日内作出行政复议决定。

2. C、D选项为可能出现的干扰项。

3. 一般情况下，在行政复议期间行政机关不停止执行具体行政行为，但在几种特殊情形下，可以停止执行。这几类特殊情形有哪些？考生应掌握。

行政机关在行政复议期间可停止执行具体行政行为的情形	
可停止执行具体行政行为的情形	历年考查情况
（1）被申请人认为需要停止执行的	【2012年考过】
（2）行政复议机关认为需要停止执行的	【2012年考过】
（3）申请人申请停止执行，行政复议机关认为其要求合理，决定停止执行的	—
（4）法律规定停止执行的	—

专项突破5　行政复议决定

例题：《行政复议法》规定，对于具体行政行为认定事实清楚，证据确凿，适用依据正确，程序合法，内容适当的，行政复议机关应作出的行政复议决定是（　　）。

A．维持行政复议行为　　　　　　B．限期履行

C．撤销具体行政行为　　　　　　D．变更或确认具体行政行为违法

【答案】A

重点难点专项突破

1．本考点还可以考核的题目有：

（1）《行政复议法》规定，对于被申请人不履行法定职责的，行政复议机关应作出的行政复议决定是（B）。

（2）《行政复议法》规定，行政复议机关发现具体行政行为的主要事实不清、证据不足的，应作出的行政复议决定是（C、D）。

（3）《行政复议法》规定，行政复议机关发现具体行政行为适用依据错误的，应作出的行政复议决定是（C、D）。

（4）《行政复议法》规定，行政复议机关发现具体行政行为的作出违反法定程序的，应作出的行政复议决定是（C、D）。

（5）《行政复议法》规定，行政复议机关发现具体行政行为超越或滥用职权作出的，应作出的行政复议决定是（C、D）。

（6）《行政复议法》规定，行政复议机关发现具体行政行为明显不当的，应作出的行政复议决定是（C、D）。

（7）《行政复议法》规定，行政复议被申请人不按照法律规定提出书面答复、提交当初作出具体行政行为的证据、依据和其他材料的，视为该具体行政行为没有证据、依据，行政复议机关应作出的行政复议决定是（C）。

2．关于行政复议决定还需要掌握以下要点：

【要点1】行政复议原则上采取书面审查的办法。【2019年考过】

【要点2】行政复议决定作出前，申请人要求撤回行政复议申请的，经说明理由，可以撤回。【2019年考过】

专项突破6　行政诉讼的受案范围及管辖

例题：根据《行政诉讼法》的规定，下列情形中，属于我国法律规定的行政诉讼受案范围的是（　　）。

A．对行政拘留、暂扣或者吊销许可证和执照、责令停产停业、没收违法所得、没收非法财物、罚款、警告等行政处罚不服的

B．对限制人身自由或对财产的查封、扣押等行政强制措施和行政强制执行不服的

C．申请行政许可，行政机关拒绝或在法定期限内不予答复，或对行政机关作出的有关行政许可的其他决定不服的

D．对征收、征用决定及其补偿决定不服的

E．申请行政机关履行保护人身权、财产权等合法权益的法定职责，行政机关拒绝履行或不予答复的【2021年考过】

F．认为行政机关侵犯其经营自主权或者农村土地承包经营权、农村土地经营权的【2014年考过】

G．认为行政机关滥用行政权力排除或者限制竞争的【2021年考过】

H．认为行政机关违法集资、摊派费用或者违法要求履行其他义务的

I．认为行政机关没有依法支付抚恤金、最低生活保障待遇或者社会保险待遇的

J．认为行政机关不依法履行、未按照约定履行或者违法变更、解除政府特许经营协议、土地房屋征收补偿协议等协议的【2021年考过】

K．认为行政机关侵犯其他人身权、财产权等合法权益的【2014年考过】

L．公安、国家安全等机关依照刑事诉讼法的明确授权实施的行为

M．调解行为以及法律规定的仲裁行为

N．行政指导行为

O．驳回当事人对行政行为提起申诉的重复处理行为

P．行政机关作出的不产生外部法律效力的行为

Q．行政机关为作出行政行为而实施的准备、论证、研究、层报、咨询等过程性行为

R．除行政机关扩大执行范围或采取违法方式实施外，行政机关根据人民法院的生效裁判、协助执行通知书作出的执行行为

S．上级行政机关基于内部层级监督关系对下级行政机关作出的听取报告、执法检查、督促履责等行为

T．行政机关针对信访事项作出的登记，受理、交办、转送、复查、复核意见等行为

U．对公民、法人或其他组织权利义务不产生实际影响的行为

【答案】A、B、C、D、E、F、G、H、I、J、K

重点难点专项突破

1．本考点还可以考核的题目有：

《最高人民法院关于适用〈中华人民共和国行政诉讼法〉的解释》规定，下列行为中不属于人民法院行政诉讼的受案范围的有（L、M、N、O、P、Q、R、S、T、U）。

---

2. 在学习了行政诉讼受案范围的相关知识后，考生还需要掌握行政诉讼管辖的相关知识，可能会考查的采分点有：

（1）行政诉讼主要适用于一般地域管辖。

（2）行政案件由最初作出行政行为的行政机关所在地人民法院管辖。经复议的案件，也可以由复议机关所在地人民法院管辖。

> 提问：对于两个以上人民法院都有管辖权的案件，应当由谁管辖呢？
>
> 答：两个以上人民法院都有管辖权的案件，原告可以选择其中一个人民法院提起诉讼。原告向两个以上有管辖权的人民法院提起诉讼的，由最先立案的人民法院管辖。

（3）因不动产提起的行政诉讼，由不动产所在地人民法院管辖。【2015年考过】

专项突破7　行政诉讼的审理

考查要点	内容
是否停止行政行为的执行？	行政诉讼期间，除《行政诉讼法》规定的情形外不停止行政行为的执行
能否调解？	法院审理行政案件，不适用调解【2010年、2015年考过】
是否公开审理？	人民法院公开审理行政案件，但涉及国家秘密、个人隐私和法律另有规定的除外。 涉及商业秘密的案件，当事人申请不公开审理的，可以不公开审理
审理依据有哪些？	人民法院审理行政案件，以法律和行政法规、地方性法规为依据。地方性法规适用于本行政区域内发生的行政案件；审理民族自治地方的行政案件，并以该民族自治地方的自治条例和单行条例为依据。人民法院审理行政案件，参照规章【2013年考过】
原被告无正当理由拒不到庭如何处理？	经人民法院传票传唤，原告无正当理由拒不到庭，或者未经法庭许可中途退庭的，可以按照撤诉处理。 被告无正当理由拒不到庭，或者未经法庭许可中途退庭的，可以缺席判决

重点难点专项突破

1. 重点记忆上表中的相关知识，今后考查的可能性很大。

2. 本考点可能会这样命题：

下列关于行政诉讼审理的说法，正确的是（　　　）。

A. 在行政诉讼过程中，被告有权自行向原告和证人收集证据

B. 未经行政复议程序，不能提起行政诉讼

C. 法院审理行政诉讼案件不适用调解

D. 行政诉讼坚持谁主张谁举证原则

【答案】C